KB181603

코끼리 쉽게 옮기기

영국 연금 개혁의 정치

코끼리 쉽게 옮기기: 영국 연금 개혁의 정치

1판1쇄 | 2014년 6월 30일
1판2쇄 | 2014년 11월 30일

지은이 | 김영순

펴낸이 | 박상훈
주간 | 정민용
편집장 | 안중철
책임편집 | 최미정
편집 | 윤상훈, 이진실, 장윤미(영업 담당)

펴낸 곳 | 후마니타스(주)
등록 | 2002년 2월 19일 제300-2003-108호
주소 | 서울 마포구 독막로 23(합정동) 1층 (121-883)
전화 | 편집_02.739.9929 영업_02.722.9960 팩스_0505.333.9960
홈페이지 | www.humanitasbook.co.kr

인쇄 | 천일_031.955.8083 제본 | 일진_031.908.1407

값 11,000원

ISBN 978-89-6437-206-7 94300
      978-89-90106-64-3 (세트)

이 도서의 국립중앙도서관 출판시도서목록(CIP)은 e-CIP 홈페이지(http://www.nl.go.kr/ecip)에서
이용하실 수 있습니다.(CIP제어번호: CIP2014018356)

● 이 저서는 2009년 정부(교육부)의 재원으로 한국연구재단의 지원을 받아 수행된 연구임(NRF-2009-812-B00011).

코끼리 쉽게 옮기기

영국 연금 개혁의 정치

김영순 지음

후마니타스

| 차례 |

| 표 차례 |

| 그림 차례 |

| 약어표 |

약어	원어	우리말
ABI	Association of British Insurers	영국보험사연합회
CBI	Confederation of British Industries	영국산업연맹
DHSS	Department of Health and Social Security	보건사회보장부
DSS	Department of Social Security	사회보장부
DWP	Department for Work and Pensions	노동연금부
EEF	Engineering Employers' Federation	공업고용주연맹
GAD	Government Actuary's Department	정부계리처
GMP	Guaranteed Minimum Pension	보장최저연금
MIG	Minimum Income Guarantee	최저소득보장
NAPF	National Associations of Pension Fund	전국연기금연합회
NEST	National Employment Savings Trust	직장인연금저축
NHS	National Health service	국민건강서비스
NPSS	National Pension Saving Scheme	국민연금저축
PC	Pensions Commission	연금위원회
SERPS	State Earning Related Pension Scheme	국가소득비례연금
SSAC	Social Security Advisory Committee	사회보장자문위원회
S2P	State Second Pension	제2국가연금
TUC	Trades Union Congress	영국노동조합회의

연금 전문가로 알려진 독일 브레멘대학교의 칼 힌리히스Karl Hinrichs 교수는 연금을 코끼리에 비유한 바 있다. 둘 다 덩치가 크고, 회색이며, 사람들한테 아주 인기가 있고, 비둔해 움직이기 힘들다는 것hard to move이다. 연금 개혁을 둘러싼 세계의 진통은 꼼짝 않으려는 코끼리 옮겨 놓기를 연상시킨다. 연금 개혁 시도는 총파업을 불러오기도 하고 정권 퇴진을 가져오기도 한다.

그러나 성숙한 공적연금 제도를 가진 많은 나라들에서 연금 개혁은 피할 수 없는 과제다. 연금제도가 선진 복지국가들에 처음 정착했을 때 사람들의 평균수명은 지금보다 훨씬 짧았고, 일자리와 가족제도는 훨씬 안정적이었다. 이제 모든 것이 변했다. 현 제도들이 그대로 유지될 경우 한편으론 공적 지출이 감당하기 어려운 수준으로 증대될 것으로, 다른 한편으로는 노후 빈곤이 만연할 것으로 예상된다.

영국은 이렇게 다들 필요성은 인정하지만 실제로 성사되기는 어려운 연금 개혁을 1980년대 이후 끊임없이 계속해 온 나라다. 그리고 이 과정에서 선진 산업국 중 가장 먼저 급진적 연금 삭감을 단행한 나라 중 하나이자, G7국 중 유일하게 공적연금의 민영화에 성공한 나라가 되었다. 즉 영국은 선진국 중에서는 유일하게, 국가는 1층의 기초연금만을 책임지고 나머지는 직업연금이나 개인연금 등을 통해 해결해야 한다는 세계은행의 주장을 일찍이 실행에 옮긴 셈이다. 이런 개혁 방향은 1990년대 말 신노동당 1차 개혁으로까지 연장되었으나, 2000년대 후반 신노동당 2차 개혁에 이르면 일정 정도 수정된다.

그렇다면 영국은 어떻게 이렇게 자주 연금 개혁, 그 거대한 코끼리 옮기기에 성공할 수 있었는가? 보수당 정부의 연금 민영화 개혁은 어떤 효과를 거두었는가? 즉 민간연금을 주축으로 만드는 연금 개혁을 통해 노년의 소득보장 문제를 해결하려는 것은 얼마나 유효한 대안이었는가? 왜 당파성이 다른 노동당은 18년 만에 집권한 뒤 이 보수당 노선을 계승했으며, 왜 또 2차 개혁에선 방향 선회를 하게 되는가? 이 책에서는 이런 물음들에 답해 보고자 했다.

영국과 한국의 연금제도와 연금의 성숙도는 매우 다르다. 그러나 영국의 경험은 한국에도 여러 가지 시사점을 던져 준다. 한국은 2008년 기초연금을 도입하는 대신 국민연금 급여율을 삭감하는 개혁안을 통과시킴으로써 연금제도를 다층화했다. 그러나 이 개혁은 재정적 지속 가능성 문제도, 국민 대다수의 노후보장 문제도 근본적으로는 해결하지 못했기 때문에, 또 다른 개혁 논의는 피할 수 없는 것이었다. 최근에는 기초연금을 둘러싼 논란만 진행되었지만 국민연금 개혁 논의도 언제든지 재점화될 수 있는 사안이다. 영국의 경험은 공적연금과 민간연금 간의 관계가 어떻게 설정되어야 하는지, 또 바람직한 공-사 연금 간의 관계가 정립되기 위해서는 기초연금과 국민연금의 지위와 역할이 어떠해야 하는지에 대해 많은 것을 시사해 준다.

최근 마무리된 신노동당 2차 개혁의 합의적 개혁 방식도 한국 사회가 주목해 봐야 할 부분이라고 생각한다. 우리가 특히 눈여겨볼 대목은 집권 정부가 일방주의적 정책 결정을 하기 쉬운 정치제도를 가지고 있고, 대결의 정치 문화가 오랫동안 지배적이었음에도 불구하고 영국이 이런 선택을 할 수 있었다는 점이다. 이는 한국에서도 이런 합의적 개혁이 불가능하지 않다는 것을 의미한다. 연금은, 아마도 외교 안보 정책과 더불어, 저출산·고령화의 위험이 심화되고 있는 우리 사회에서 가장 초당적·합의적 정책 결정이 필요한 영역일 것이다.

이 책을 쓰는 동안 많은 분들로부터 여러 가지 도움을 받았다. 현지 조사를 포함한 지난 수년간의 연구 작업에 재정 지원을 해준 한국연구재단에 감사한다. 초고를 읽고 귀중한 조언을 해주신 양재진 선생, 그리고 연금 문제를 공부하는 동안 이런저런 도움을 주셨던 정영순, 김용하, 석재은, 주은선, 오건호, 김연명 선생께도 감사드린다. 그리고 런던 현지 조사를 도와준 성균관대학교 정치외교학과의 정수진님, 면담에 응해 준 존 힐스, 헬렌 포레스트, 마리오 로페스-아레우, 질 러터님께도 고마움을 전한다. 낮은 곳에서의 헌신으로 늘 나를 부끄럽게 하는 '내가만드는복지국가' 식구들께도 감사를 표한다. 변변치 않은 책을 흔쾌히 출판해 준 후마니타스 박상훈 대표와 정민용 주간의 후의, 꼼꼼한 솜씨로 편집을 맡아 준 편집진과 원고 정리를 도와준 류란희 조교의 정성도 잊을 수 없을 것이다. "그 코끼리 아직도 못 옮겼어? 힘내라, 힘!"이라는 말로 지난 수년간 나를 격려한 딸 은산과 남편 조형제 선생에게도 사랑과 감사를 전한다. 이 책을 이제는 연금 소득자가 되신 부모님께 바친다. 그분들의 노년이 건강하고 평화롭기를 기원한다.

2014년 늦봄,
김영순

제1장

영국의 연금 개혁

문제와 접근

1. 문제 제기

어느 나라에서나 연금 개혁을 촉발시키는 직접적 원인은 재정적 지속 가능성financial sustainability 문제다. 직접적으로는 인구 고령화가, 그리고 간접적으로는 가족 구조의 변화, 고용 패턴의 변화, 지구화의 압력 등이 공적연금의 수지 균형을 맞추기 어렵게 한다. 이런 사실은 연금 개혁을 경제적 문제로 보이게 한다.

그러나 연금 개혁은 사실상 경제적 문제라기보다는 정치적 문제다. 연금 개혁이 정치적 문제인 것은 무엇보다도 공적연금이 민간연금과 달리 어떤 형태로든 재분배와 사회적 연대의 논리를 내장하고 있기 때문이다. 연금은 그 자체로 거대한 사회계약이며, 여러 사회 세력 간의 정치적 타협의 산물이라는 성격을 가지고 있다. 게다가 연금은 복지국가의 그 어떤 프로그램보다도 많은 사회 구성원들이 연루되어 있는, 성숙한 복지국가의 최대 지출 프로그램이다. 게다가 기여와 급여가 긴밀히 연결되어 있는 연금제도를 택한 나라들의 경우 연금은 일종의 "정치적으로 구축된 소유권"politically constructed property rights이 된다(Schwartz 2001). 사람들은 연금 급여는 평생에 걸친 기여의 대가이며 따라서 누구도 손댈 수 없는 불가침의 권리라고 생각한다. 이런 이유들로 인해 연금의 재조정은 필연적으로 복잡하고 격렬한 갈등을 수반하게 되며 이는 세대와 계층을 가로지르는 새로운 사회적 계약을 수립함으로써만 이루어질 수 있다.

문제는 이 새로운 사회계약이 말처럼 쉽지가 않다는 데 있다. 최근의 공적연금 개혁이 특히 더 갈등적인 것은 그것이 대체로 기존의 관대한 연금제도를 수급자들에게 불리하게 재조정하는 것이기 때문이다. 다시 말해, 현재의 공적연금 개혁은 기본적으로 삭감을 위한 개혁이기 때문에 지수 조정 개혁parametric reform조차도 수급자 개개인의 입장에서는 커다란 기득권의 침해로 다가온다. 그리고 기득권의 침해에 대한 대중의 반발은 때때로 개혁 자체를 좌절시키기에 충분할 만큼 격렬하고 강력하다. 지수 조정 개혁이 그러할진대, 구조적 개혁structural reform, 즉 공적연금의 확정급여 제도를 확정기여 제도로 바꾸거나 부과 방식을 적립 방식으로 변경하는 것, 혹은 연금을 민영화함으로써 연금 체계 pension system의 골격을 뒤바꾸는 것은 더더욱 지난한 과제가 되리라 예상할 수 있다. '연금은 여러 개의 정권을 무너뜨릴 수 있는 사안이다'라는 말이 연금 개혁의 지난함을 잘 대변한다.

하지만 이렇게 연금 개혁이 지난한 과제라고 해서 모든 나라가 다 연금 개혁에 실패하는 것은 아니다. 그렇다면 구조적 연금 개혁은 어떤 경우에 '성공'하는가? 어떻게 거대한 코끼리를 옮겨 놓을 수 있는가? 선진 복지국가 중에서는 흔히 스웨덴·이탈리아·영국을 '근본적 개혁' fundamental transformation에 성공한 대표적 나라로 꼽는다(Reynaud 2000, 2). 그중에서도 영국은 여러모로 세계의 이목을 집중시킨 사례라고 할 수 있다. 그 이유는 다음과 같다.

첫째, 영국은 선진 산업국으로서 가장 먼저 급진적 연금 삭감을 단행한 나라들 가운데 하나이자, G7국 중 유일하게 공적연금의 민영화에 성공한 나라(Williamson 2000, 4)다. 영국은 1986년 보수당 정부의 개혁을 통해, 공적연금을 삭감했을 뿐만 아니라 공적연금의 역할을 민영 연금으로 대체하는 길을 열었다. 게다가 1986년 영국의 연금 개혁은 '과잉 대응'overreaction이라는 평가가 나올 정도로 개혁의 폭과 깊이도 넓고 깊었다. 당시 영국은 국제 비교상 연금 재정이 가장 양호한 편에 속했다. 또한 다른 나라들과 달리 개혁의 필요성에 대한 합의조차 이루어지지 않은 상태였다(Bonoli 2000, 84). 어떻게 이런 상황에서 영국은 큰 저항 없이 구조적 개혁structural reform에 성공할 수 있었는가? 구조적 개혁을 시도했던 많은 나라들이 엄청난 갈등만 겪고 개혁 시도가 실패로 끝났음(Baccaro 2000)을 고려하면 이는 매우 흥미로운 질문이 된다.

둘째, 노동당 정부에 의해 2002년 시작되어 2011년에 마무리된 일련의 연금 개혁은 1986년 이후 연금 개혁의 일관된 기조였던 민영화·자유화·개인화에서 벗어나 연금 전반에 대한 국가 개입의 강화와 노동 시장의 약자에 대한 배려로 방향을 틀었다는 점에서 눈길을 끌었다. 또한 이 개혁은 노동당 정부에 의해 시작되었으나 보수–자유 연립정부에 의해 그 골격이 유지된 채 마무리되었다. 이런 초당적 합의에 의한 연금 개혁은 과거 영국의 연금 개혁을 특징짓던 적대 정치의 전통과는 매우 다른 것이었다. 또한 그때까지 영국의 연금 개혁을 설명하는 데 동원되었던 신제도주의적 명제들, 즉 연금 개혁의 경로 의존성, 일방주의적 연금 개혁을 용이하게 하는 다수주의적 정치제도의 영향력 등과는 잘 맞지 않는 것이었다. 그렇다면 이 2000년대 초반 노동당 정부의 개혁은 왜 발생했으며, 어떻게 설명해야 하는가? 이는 이론적·실천적으로 매우 흥미 있는 질문이 된다.

셋째, 이 연구에서는 당파성이 다른 정권의 세 개의 개혁을 다룬다. 즉 이 연구의 주 대상은 1986년 보수당 대처 정부의 개혁(이하 '대처 정부의 개혁'), 1999년 노동당 블레어 정부의 개혁(이하 '신노동당 1차 개혁'), 그리고 2002년 블레어 정부에서 시작해 2011년 마무리된 개혁(이하 '신노동당 2차 개혁')이다. 신노동당 2차 개혁은 노동당 집권기에 시작해 보수-자유 연립정부하에서 마무리되었으나 기본적으로는 노동당 정부가 구상, 입안한 것이고 주요 입법이 노동당 정부 시절에 이미 이루어졌다는 점에서 '신노동당 2차 개혁'으로 부르도록 하겠다.

이런 상이한 당파성을 갖는 정부들의, 장기간에 걸친 세 개의 개혁 사례에 대한 검토는, 비록 일국의 사례이기는 하나 연금 개혁과 관련된 기존 주류 이론들의 타당성을 검증해 볼 수 있게 해줄 것이다. 또한 실천적으로는 연금 개혁의 성공과 실패를 좌우하는 요인이 무엇이며, 경로 의존성은 얼마나 강하게 선택지들을 구속하는지, 그리고 어떤 개혁이 어떤 결과를 낳는지를 살펴볼 수 있게 해줄 것이다.

넷째, 영국은 민간연금을 주축으로 만드는 연금 개혁을 통해 노년의 소득보장 문제를 해결하려는 것이 얼마나 유효한 대안인지를 평가해 볼 수 있는 중요한 사례다. 영국은 1990년대 세계은행이 권고했고 세계의 보수정당들이 대안으로 주장했던 다주제 연금제도[1]를 선제적으로 도입한 사례다. 소위 선진국 중에서는 유일하게, 노후보장에 대한 국가의 역할을 최소화해 국가는 1층의 기초연금만을 책임지고 나머지는 직업연금이나 개인연금 등을 통해 해결한다는 대안을 충실히 실행에 옮긴 셈이다.

그렇다면 보수당 정부의 개혁은 얼마나 효과를 거두었으며, 왜 당파성이 다른 노동당은 이 노선을 계승했는가? 그리고 왜 또 2차 개혁에선 제한적이나마 방향 선회를 하게 되었는가? 이런 질문에 대한 답을 찾는 과정은 어느 나라에서나 강력한 하나의 세력을 형성하고 있는 민간 주도 연금 체제로의 개혁론의 의미와 유효성을 평가해 볼 수 있게 해줄 것이다.

다섯째, 영국의 경험은 한국에도 여러 가지 시사점을 줄 수 있다. 먼저 정책 결정 구조의 유사성에 주목할 필요가 있다. 기존 연구에서 영국의 급진적 연금 개혁이 성공할 수 있었던 원인으로 가장 많이 지적되었던 것이 정부의 일방적 정책 결정을 용이하게 만드는 다수제 정치 모델 majoritarian politics이다. 한국도 헌정 구조상 유사한 정책 결정 구조를 가지고 있으며, 이런 제도를 맥락으로 합의의 정치보다는 대결의 정치가 이루어져 왔다는 점에서 영국은 특히 우리 입장에서는 관심이 가는 사례가 아닐 수 없다.

1_기능과 목적이 다른 여러 연금 프로그램들을 조합해 하나의 연금 체계를 구성하는 것을 보통 다주제 연금제도(multi-pillar pension system), 혹은 다층제 연금제도(multi-tiered pension system)라고 부른다. 전자는 세계은행이 창안한 개념으로 연금 프로그램들 간의 기능적 '분리'를 강조하는 경향이 있다. 이 책에서는 세계은행과 연관된 기술은 다주제라는 용어를, 나머지 경우는 좀 더 널리 사용되는 다층제라는 용어를 사용하도록 하겠다.

한편 영국의 구조 개혁이 여러 차례의 연쇄 개혁을 통해 이루어졌다는 점도 우리의 주의를 끄는 부분이다. 우리 역시 2008년 국민연금 급여를 삭감하면서, 기초연금을 도입하는 연금 개혁안을 통과시킨 바 있다. 구조 개혁이지만 당장은 변화의 파장이 크지 않았고 사회적 진통도 그리 크지 않았다. 그러나 이 개혁은 재정적 지속 가능성 문제도, 국민 대다수의 노후소득보장 문제도 근본적으로는 해결하지 못한 상태이기 때문에, 또 다른 개혁 논의의 씨앗을 내포하고 있었다고 할 수 있다. 2012년 대선과 그 이후의 기초연금을 둘러싼 논쟁도 이런 사정의 연장선상에 있다고 할 수 있다.

이런 점에서 한차례의 포괄적 개혁이 아니라 점진적인 연쇄 개혁을 통해 구조 개혁에 도달한 영국 사례는 향후 한국의 연금제도 변화와 관련해 시사하는 바가 적지 않으리라 생각된다. 게다가 한국 사회 일각에 민간연금 주축의 연금 체제를 선호하는 세력들이 단단히 입지를 구축하고 있다는 사실도 영국의 경험을 눈여겨봐야 할 또 하나의 이유가 된다.

이 책에서 특히 초점을 두고자 하는 것은 연금 개혁의 '정치'다. 연금 개혁은 근본적으로 정치적 과정, 즉 분배 균형distributional equilibrium의 변화에 대해 각자 자신의 입장을 관철시키고자 하는 여러 행위자들이 이해관계를 조정해 하나의 결정에 도달하는 과정이다. 그러나 그동안 국내의 연금 연구들은 연금 정치pension politics에는 큰 관심을 기울이지 않았다. 기존 연구들은 연금 개혁의 정치보다는 정책학적 관점에서 개혁의 내용과 효과에 치중해 온 편이었고 이는 영국 연금 개혁에 대한 연구들도 마찬가지였다.

이런 기존 연구의 주된 흐름과는 달리 이 연구의 일차적 목적은 연금 개혁의 정치과정을 분석해 '어떻게' 이런 거대한 사회계약의 변화가 가능해지는가를 밝히는 데 있다. 연금 개혁이 정치적 문제라는 것을 보여 주기 위해 이 연구에서는 그것을 영국 정치의 맥락 속에서 설명할 것이다. 그리고 좀 더 넓은 의미에서 복지국가의 성격과 관련해 영국의 연금 개혁이 갖는 의미를 탐색해 보고자 한다.

2. 어떻게 연구할 것인가?

연구 대상

이 연구의 주요 분석 대상은 1986년 대처 정부의 개혁과 1998년 신노동당 1차 개혁, 그리고 2007~11년에 이루어진 신노동당 2차 개혁이다. 1986년 개혁은 마가렛 대처Margaret Thatcher 정부의 신자유주의적 정책 기조에 맞춰 이루어진 대표적인 복지 개혁이었다. 이 개혁은 외부 대체 contracting-out[2] 확대를 통해 민간연금 확대의 물꼬를 틈으로써 장기적으로 공-사 연금 간의 균형을 역전시킬 계기를 마련했다는 점에서, 그리고 연금을 둘러싼 핵심 당사자들의 이해관계를 변화시킴으로써 연금

2_국내 학계에서는 이 용어를 대체로 '적용 면제', '적용 제외'로 번역한다. 그러나 contract-out은 단순히 연금 가입의 의무로부터 면제해 주는 것이 아니라 그에 상응하는 국가 체계 외부의 다른 연금에 가입하는 것을 조건으로 한다는 점을 고려해 이 책에서는 '외부 대체'라는 용어를 쓰기로 한다.

정치의 구도 자체를 변화시켰다는 점에서 베버리지 이후 영국 연금제도에서 일어난 가장 중요한 변화였다.

1998년 토니 블레어Tony Blair 정부의 1차 연금 개혁은 신노동당의 '제3의 길'의 복지 정책을 상징하는 개혁이다. 18년 만에 권력을 탈환한 노동당은 '조세를 통한 적극적 재분배와 복지의 직접 제공자로서의 국가'라는, 노동당의 전통적 사고를 폐기했다. 그리고 소득보장보다 '생산적' 복지 프로그램에 집중하며, 국가의 역할을 복지의 직접 제공보다는 다양한 복지 제공자들의 적절한 규제와 감독에 초점을 두는 이른바 '사회투자국가'social investment state의 비전을 제시했다. 이런 신노동당 정부의 새로운 복지국가관은 연금 문제에 있어서는 중간층 이상은 민간연금에, 하층은 공적연금에 의존하는, 보수당이 굳혀 놓은 연금제도의 틀을 받아들이면서, 하층을 위한 공적연금의 개선과 민간연금의 규제 강화를 통해 그 부작용을 해결하고자 하는 것으로 나타났다. 최저소득보장 Minimum Income Guarantee 제도, 스테이크홀더연금Stakeholder Pension, 제2국가연금State Second Pension의 도입으로 한층 복잡해진 1998년 개혁은 이런 의도의 결과물이었다.

이 연구의 대상이 되는 마지막 사례는 2002년 노동당 정부의 주도로 시작되어 2011년까지 연장된 개혁, 즉 신노동당 2차 개혁이다. 이 개혁은 1980년 이후 영국의 연금 개혁의 기조였던 민영화·자유화·개인화 경향에서 벗어나 노후보장에 대한 국가 개입의 강화를 내용으로 했다는 점에서 중요한 개혁이라고 할 수 있다. 기초연금의 강화, 그리고 법에 의한 고용주 기여 개인연금의 의무화가 그 주요 내용이었다. 또한 이전의 개혁들이 집권 정부의 일방주의적 주도에 의해 이루어진 반면, 이 개혁은 이해 당사자들 및 야당들과의 광범위한 협의를 거쳤고, 그 결과 개혁 과정에서 정권이 바뀌었음에도 불구하고 개혁이 계속되었다는 특징을 가지고 있다.

이상과 같은 세 개의 개혁 — 일국 사례이기는 하나 내용과 정책 결과뿐만 아니라, 그 과정에서 상이한 — 에 관한 탐구는 연금 개혁과 관련해 여러 재미있는 시사점을 제공하리라 생각된다.

연구 방법

이 연구는 단일 사례 분석 방법을 채택한다. 단일 사례 분석의 가장 큰 장점은 대상과 관련된 모든 변인들을 검토함으로써 내적인 상호 관련성을 총체적으로 보여 줄 수 있다는 것이다. 이 방법의 문제점은 자명하다. 즉 개별 사례는 유효한 통칙generalization의 기초가 될 수 없을 뿐만 아니라, 이미 정립된 통칙을 부정할 수 있는 근거도 되지도 못한다는 것이다.

그러나 아렌트 레이프하르트Arend Lijphart나 조반니 사르토리Giovanni Sartori는 이런 문제점에도 불구하고 단일 사례 분석 방법도 간접적으로나마 보편 명제의 구축, 나아가 이론의 정립에 중요한 공헌을 할 수 있다고 주장한다. 즉 단일 사례 연구도 ① 가설 창출을 지향하거나, ② 이론 확증을 지향하거나, ③ 이론 논박을 지향하거나, ④ 이례 분석deviant case studies을 하는 경우 이론의 정립에 기여할 수 있다는 것이다(Sartori 1991). 이 연구는 그중 ①과 ③에 가깝다고 할 수 있다. 즉 이 연구는 연금 개혁의 정치를 설명하는 강력한 주류 이론이라고 할 수 있는 신제도주의적 명제를 반박하고, 제도보다는 권력관계가 연금 개혁 정치를 좌우하는 요소임을 보여 줌으로써 연금 개혁을 설명하는 새로운 이론의 가능성을 모색해 보고자 하는 것이다. 신제도주의론과 같이 다수 사례를 통해 검증된 이론을 논박하기 위해서는, 선택하는 단일 사례가 일종의 '중요한 실험'crucial experiment의 계기를 제공할 수 있어야 한다. 영국은 신제도주의론이 주장했던 제도의 힘, 특히 다수주의 정치제도의 힘이 가장 강력히 발현되는 전형적 경우로 지적되어 왔던 사례다. 따라서 이 사례에서 제도보다 다른 변인이 더 중요함을 보여 줄 수 있다면 이는 연금 개혁의 정치를 설명하는 새로운 이론의 가능성을 보여 주는 근거가 될 수 있을 것이다.

이 연구는 문헌 연구와 면접 조사에 기초해 이루어졌다. 문헌들로는 2차 자료들뿐만 아니라 영국 하원의 상임위원회 중 하나인 노동연금위원회, 정부의 연금 주무 부처인 노동연금부DWP, 블레어 정부가 지속 가능한 연금 개혁을 위해 설립했던 특별 기구인 연금위원회PC, 그리고 정부연구소Institute for Government 등에서 생산한 다양한 1차 자료들을 참고했다.

면접 조사는 문헌만으로 알기 어려운 주요 이해 당사자들의 입장을 확인하기 위해, 2011년 1월 23~31일까지 런던에서 진행되었다. 면접 조사 내용은 주로 2000년 이후 개혁과 관련된 것들로서, 면접 대상자에는 세 명의 연금위원회 위원 중 한 명, 고용주 조직을 대표하는 영국산업연맹CBI의 수석정책자문관, 연금 산업을 대표하는 전국연기금연합회NAPF의 정책홍보부장, 그리고 공공 정책 성공 사례 분석 프로젝트('S-Factors')의 일환으로 연금위원회를 통한 연금 개혁 사례를 지정하고 연금 개혁의 정책 과정을 해부하는 작업을 진행했던 정부연구소의 프로그램 국장이 포함되어 있다.[3]

연구의 구성

이 연구는 다음과 같이 구성된다. 제1장 서론에 이어 제2장에서는 이론적 논의를 살펴본다. 연금 개혁의 정치 일반, 그리고 영국의 연금 개혁에 대한 기존 연구를 검토하고, 이 책의 분석 시각과 분석 틀을 제시한다. 제3장에서는 연금 개혁의 맥락을 이해하기 위한 장으로서 개혁 전 영국 연금제도의 특징과 영국 정치제도의 특징을 논한다. 제4~6장은 본론에 해당하는 장으로서 세 개의 연금 개혁의 정치를 분석한다. 연금 개혁의 배경이 되는 복지국가 재편의 원칙과 맥락, 연금 개혁의 과정, 주요 행위자와 상호작용, 그리고 각 핵심 개혁의 후속 개혁들, 연금 개혁의 결과가 논의된다. 제7장 결론에서는 영국의 연금 개혁 경험이 주는 이론적 함의와 실천적 시사점을 밝힌다.

3_면접 대상자의 이름과 직책, 면접일은 참고문헌 뒤에 첨부했다.

제2장

이론적 논의

제도, 권력관계, 연금 개혁

1. 기존 연구들

영국은 선진 산업국 중 가장 먼저 급진적인 연금 삭감을 단행한 나라이
자 G7국 중 유일하게 공적연금을 민영화하는 데 성공한 나라였다. 이런
독특한 의미와 상징성으로 인해, 영국의 연금 개혁은 일찍이 여러 연구
자들이 주목한 사례였다. 영국 연금 개혁에 관한 기존 연구들은 크게 개
혁의 내용과 효과를 다룬 실용적·정책적 연구들과 신제도주의적 연구
로 나눌 수 있다.

첫째, 실용적·정책적 연구들은 연금 개혁의 구체적 내용과 효과, 문
제점과 교훈 등에 초점을 맞추고 있다(Taylor-Gooby 1999; 2005; Hills
2006a; 2006b; Clark & Knox-Hayes 2008; Clark & Emmerson 2003; 주은선
2001; 김수완 2004; 최영준 2011). 이 연구들은 어떤 요인이 영국의 연금 개

혁을 가능하게 했는지를 살펴보기보다는 영국이라는 사례 자체를 기술하는 데 치중한다. 일반화된 통칙과의 관련성은 언급되지 않거나 매우 약하게 다루어지며, 연구의 의의는 이론적이기보다는 실천적인 경우가 많다. 영국식 연금 개혁은 재정 안정성이나 노후보장에는 어떤 영향을 주는가, 혹은 분배 균형에 어떤 변화를 가져오는가 등이 이런 연구로부터 얻을 수 있는 일반론적 함의다.

둘째, 신제도주의적 입장은 연금 개혁을 좌우하는 것은 결국 제도라고 보는 입장으로서 사실상 연금 개혁을 설명하는 가장 강력한 시각이라고 할 수 있다.[1] 여기서 제도란 "정치체polity 혹은 정치경제political economy의 조직적 구조 속에 내장된 공식·비공식 절차들, 관행들 및 관습들"(Hall & Taylor 1996, 938)을 의미하는 매우 느슨한 개념이다. 연금 개혁 연구들에서 제도는 보통 한 나라의 헌정 질서부터 불문법적 관행에 이르기까지 정치적 게임을 형성해 내는 데 기여하는 일련의 규칙과 구조들을 의미한다(Bonoli 2000, 39).

연금 개혁과 관련해 신제도주의론은 크게 두 개의 흐름으로 나뉜다. 하나는 연금 개혁에 있어 연금제도 자체의 규정성을 강조하는 '복지국가 신정치론'new politics of welfare state의 입장이다. 다른 하나는 넓은 의미의 정책 결정 구조, 즉 공식적 정치제도의 영향력을 강조하는 흐름이다.

1_이 입장의 기원은 테다 스카치폴(Theda Skocpol)과 그의 동료들에 있다고 할 수 있다. 이들은 권력 자원론이 제2차 세계대전 이전의 사회정책 발달을 설명하기 어렵다고 보았으며, 더욱 결정적인 것은 정치제도라고 주장했다. 그들은 또한 권력 자원 자체도 부분적으로는 제도적 변수들의 결과라고 지적했다. 이들이 주목했던 사례는 미국이었다(Weir & Skocpol 1985; Weir & Orloff & Skocpol 1988).

먼저 연금제도 자체의 영향력을 강조하는 흐름부터 살펴보자(Bonoli & Palier 2000; Pierson 1994; Pierson & Weaver 1993; Whiteside 2006; 은민수 2007; 2008). 이 입장을 대표하는 폴 피어슨Paul Pierson도 복지국가 형성기의 복지 정치와, 복지국가가 성숙한 후 축소를 시도할 때의 그것은 크게 다르다는 명제를 그 출발점으로 삼는다. 피어슨에 따르면 축소기에는 일단 정책 목표가 달라진다. 세계화, 성장 둔화, 탈산업화, 인구구조 변화 등으로 인해 재정적 곤란에 처하게 된 정부는, 좌우를 막론하고 복지 축소 정책을 채택하려 한다. 그리고 이 축소의 기획은 복지 확대기의 대중적 지지 대신, 기득의 복지 혜택을 지키려는 대중의 광범위한 반발에 부딪치게 된다. 이에 따라 복지 확대기의 정치는 기본적으로 공로 다툼credit claiming의 성격을 띠었지만 복지 축소기의 정치는 비난 회피blame avoidance의 성격을 갖게 된다. 그리고 이제, 지지 세력을 대규모로 동원하는 것이 아니라, 비난 회피를 위해 반대 세력을 탈동원화하는 것이 복지 정치에서 결정적으로 중요한 의미를 갖게 된다(Myles & Pierson 2001).[2]

피어슨에 따르면 이 축소기 정치의 더 중요한 특징은 축소라는 정책 목표가 놓이게 되는 정치적 맥락이다. 대규모 사회복지 프로그램들의 도입과 성숙은 이 프로그램들에 이해관계와 애착을 갖는 이익집단들constituencies을 만들어 낸다. 따라서 이들의 반대를 어떻게 넘어설 것인가가 축소 개혁의 성공에서 관건이 된다. 이는 좌파 정당과 노동운동의 힘이 더는 복지 정치에서는 중요하지 않다는 것을 의미한다.[3] 집권 정부

2_복지 축소 세력이 정치적 저항을 최소화하기 위해 흔히 사용하는 전략은 눈 가리기(obfuscation), 분할(division), 보상(compensation) 등이 있다(Pierson 1994, 19-24).

는 좌우를 막론하고 축소를 추진하려 하고, 정치적 대립 구도는 좌우파의 축을 따르기보다는 축소를 기도하는 정부와 기존 제도를 고수하려는 이익집단 사이에 만들어지며, 이 이익집단들이 얼마나 강력한가에 따라 복지국가의 방어가 결정된다는 것이다.[4]

피어슨에 따르면 이 이익집단들이 얼마나 힘을 갖게 될 것인지는 제도적 변수에 결정적 영향을 받게 된다. 제도적 변수 가운데 핵심적으로 중요한 것으로 (정책 결정과 관련된) 공식 제도의 구조, 정부 당국의 정책 입안 능력, 그리고 정책 피드백policy feedback이라는 세 가지를 꼽을 수 있지만, 그중 가장 중요한 것은 정책 피드백이다(Pierson 1994, 32; 39-50). 정책 피드백이란 기존 복지 제도의 성숙이 만들어 내는 정치적 효과다. 즉 만들어진 정책이 그 제도적 구조에 의해 이익집단들을 만들어 내고, 이 이익집단들은 다시 그 제도의 운명에 영향을 미친다는 것이다. 정책은 개인들로 하여금 적응하도록 유도함으로써 정책 발달의 특정한 경로를 고착화lock-in하고 변화를 이 경로 내로 제한할 수 있다. 결국 "새로운 정책이 새로운 정치를 낳는" 것인데, 특히 연금은 이런 경로 의존적 발전이 잘 들어맞는 복지 프로그램이다(Pierson 1994, 43-44).

이 입장에서는 연금제도의 특성programmatic design이 관련 행위자들의 선호와 전략을 체계적으로 제약하고 방향 짓는다고 본다. 마일스·피

3_피어슨은 사실상 복지 확대기에도 '정치 중심'(politics matters) 이론, 혹은 권력 자원 이론은 미국에는 잘 맞지 않았다고 주장한다(Pierson 1994, 29)

4_피어슨은 1980년대 영국이나 미국과 같은 나라에서 좌파의 몰락에도 불구하고 사회복지 체제가 상당 정도 내구력을 가지고 유지된 것은 바로 이런 새로운 옹호 세력이 등장했기 때문이라고 주장한다.

어슨은 연금 개혁의 성패를 결정짓는 핵심 변수는 연금(삭감) 개혁이 시도될 무렵 해당 나라에서 부과 방식pay-as-you-go 연금이 얼마나 성숙했는가라고 단언한다(Myles & Pierson 2001, 307). 부과 방식 연금이 이미 성숙한 경우에는 민영화나 적립 방식으로의 구조 개혁이 쉽지 않다. 가입자들의 반발이 심하고 엄청난 이중 지불double payment 문제가 생겨나기 때문이다.

이 입장에서는 또한 근본적 연금 개혁이 이해 당사자 집단의 반발로 어려워질 때 나타나는 부분 개혁의 방향 역시 기존 연금제도의 특성에 의해 상당 정도 결정된다고 본다. 즉 고용주와 피용자의 기여에 의해 재원이 조달되는 비스마르크형 연금의 경우, 연금 수급의 자격 요건을 제한하는 개혁은 불가능하다. 이런 나라에서 연금은 일종의 이연 임금 deferred wage이고, 소유권이기 때문이다. 이런 나라들의 연금 개혁은 주로 기여와 급여 간의 관계를 강화하는, 즉 재분배적 요소를 줄이고 낸 것과 받는 것의 비례성을 강화하는 형태를 띠게 된다.

반면, 일반 조세에 의해 재원이 조달되는 비기여, 고정 요율 단일 급여 방식의 베버리지형 연금의 경우에는 연금 수급의 자격 요건을 강화하는 개혁이 이루어진다. 이런 연금제도를 채택하고 있는 호주·캐나다·덴마크·뉴질랜드 등은 모두 기초연금에 소득 심사와 자산조사를 도입하는 개혁을 행했다(Myles & Quadagno 1997; Myles & Pierson 2001). 요컨대 연금 개혁의 경로와 결과를 결정짓는 것은 재원 조달과 급여 배분의 체계라는 것이다.

이 입장의 연구자들은 영국 연금 개혁의 성패와 향방에 가장 큰 영향을 미친 것도 영국 연금제도라고 설명한다. 노엘 와이트사이드는 영국은 초기 연금 발달 과정에서 공-사 연금 간의 경계가 희미해지지 않은 예외적 경우로서, 이런 역사적 유산이 전후 연금 개혁에서 민간연금의 확대를 쉽게 선택할 수 있게 해주었다고 설명한다(Whiteside 2006). 마일스·피어슨도 영국의 경우 보편적이나 인색한 공적연금과 광범위하게 발전한 직업연금이라는 파편화된 연금 체계가, 1986년 대처 정부가 그토록 급진적인 연금 개혁을 큰 저항 없이 추진할 수 있었던 근본 원인이라고 본다(Myles & Pierson 2001, 313). 2층 공적연금이던 국가소득비례연금SERPS의 역사가 짧아 이 제도로부터 급여를 받는 인구, 즉 관련 이익집단이 적었던 것도 민영화를 용이하게 했다. 분절화되고 미발전한 영국의 연금제도가, 잠재적인 연금 수급자들의 이익이 대표되는 방식 역시 분열되고 취약하게 만들었다(Pierson 1994, 53-54).

이들은 1980년대 동안 같은 자유주의적 복지국가였던 영국과 미국 모두 연금 민영화를 원했던 보수정당이 집권했음에도 불구하고 영국에서만 개혁이 가능했던 이유도 이런 연금제도의 제도적 특성으로부터 설명한다. 파편화된 연금제도와 미성숙한 공적연금을 가졌던 영국과 달리, 미국은 단일하고 성숙한 공적연금 체계를 가지고 있었고, 이것이 강력하고 응집력 있는 정치적 지지의 토대와 재정적 헌신을 만들어 냈다는 것이다(Emmerson 2003; Pierson 1994, 53-54).

이 입장은 사회 세력들의 역학 관계에 의해 만들어진 연금제도가 다시 독립적 변수가 되어 주요 관련 행위자들의 이익을 정의함으로써 연금을 둘러싼 정치를 일정한 틀 내에서 이루어지게 하고, 결국 연금제도의 변화가 일정한 경로 내에서 이루어지게 되는 과정을 잘 설명하고 있다. 그러나 이렇게 연금제도가 행위자의 선호와 전략에 미치는 영향을 강조하다 보니 제도 결정론적 편향을 보이는 것도 사실이다. 즉 새로운 제도적 맥락 위에서 벌어지는 행위자들의 역동적 정치과정에 주목해 그야말로 '새로운 복지 정치'의 이론을 만들어 내기보다는 제도의 피드백 효과를 강조하고 행위를 제도로 환원하는 경향을 보이게 되는 것이다. 이 주장은 결국 변화가 불가능한 것은 아니나, 그 변화는 불가피하게 경로 의존적이라는 결론으로 귀결된다.

그러나 이런 "경로 의존성에 대한 주장이 아주 엄격한 의미로 받아들여진다면, 그것은 결국 가능한 선택의 범위가 정해져 있다는 얘기"이며 "이는 정치적 힘의 중요성, 민주주의 정체 내에서의 권력관계, 기존 분배 구조의 균형이 전복될 수 있는 정도를 과소평가하는 입장"이라고 볼 수 있다(Bonoli 2000, 42). 제도 변화는 궁극적으로는 주요 행위자들 간의 힘 관계에 의해 결정되는 것이며, 제도 자체의 특성이 복지 제도의 방어를 보장하는 것이 아니다.

영국의 경우 파편화된 연금 구조, 즉 저발전한 공적연금과 직업별로 발전한 직업연금이 연금 수급자들의 이해관계를 파편화시키고, 이것이 대처 정부의 연금 개혁을 가능케 한 조건이 되었다는 것은 대부분의 연구가 인정하는 사실이다. 그러나 과연 이 연금제도의 특성이라는 요소가 영국의 연금 개혁에 가장 결정적이었을까?

영국의 연금제도는 1960~70년대에나, 1980년대 이후에나 다 같이 파편화되어 있었다. 그리고 1960~70년대에는 공적연금 축소를 지향하는 보수당뿐만 아니라 그 확대를 지향하는 노동당도 집권만 하면 각기 자신의 당파적 지향과 부합하는 연금 개혁안을 만들고 통과시킬 수 있었다. 통과된 법을 유지해 뿌리내리게 하지 못했던 것은 이들 양대 정당이 교차 집권하면서 이전 정부의 결정을 뒤집었기 때문이다. 즉 개혁의 실패는 연금제도가 주조한 이익집단들의 저항 때문이었다기보다는, 집권을 유지할 수 없을 만큼 정당들의 권력 자원이 취약했기 때문이었다.

또한 2000년대 초의 개혁에서는 복지 축소기에는 좌우파를 막론하고 집권 정부가 연금의 축소 개혁을 지향한다는 피어슨의 주장과 달리, 좌우 집권 정부들이 모두 공적연금의 확대와 민간연금에 대한 국가 개입 확대에 찬성하고 이를 추진했다. 그리고 개혁은 기존 '연금제도'로부터 이익을 보는 집단들의 이해관계 속에 갇힌 것이기보다는 그것을 넘어서는 개혁이었다. 즉 연금제도가 파편적이고 공적연금의 유지에 이해관계를 갖는 집단이 약하다는 것은 영국의 지속적인 특징이었으나 그것이 언제나 곧바로 연금 축소 개혁에 유리한 조건이 되었던 것만은 아니다.

다음으로 신제도주의적 입장 중 공식적 정치제도의 중요성을 강조하는 흐름(Bonoli 2000; Taylor-Gooby 2005; 은민수 2007; 2008; 최종호 2013)을 살펴보자. 이 입장을 대표하는 연구자는 줄리아노 보놀리(Bonoli 2000)다. 보놀리도 피어슨처럼 축소를 위한 복지 개혁을 좌우하는 것이 제도라고 본다. 또한 복지 축소기에는 좌우파 간의 정치적 대립partisan politics이 아니라 정부와 친복지 연합 간의 대립이 복지 정치의 주된 축이 되었다고 본다는 점에서도 피어슨과 입장을 공유한다.

그러나 피어슨이 연금제도 자체의 구조적 영향력을 강조했다면, 보놀리는 헌정 구조를 비롯한 공식적 정치제도의 영향력을 강조한다. 그에 따르면 복지를 축소하는 데는 정치적 한계가 존재하는데, 이 한계는 나라마다 다르다. 연금의 경우 정치제도와 연금제도의 구조적 상호작용에 의해 그 한계가 결정된다. 정치제도는 정책 결정에 영향력을 행사할 수 있는 기회를 제공하고, 연금제도는 연금 정책을 둘러싼 이해관계를 결정한다(Bonoli 2000, 3-5). 두 제도가 모두 중요하지만 피어슨과 달리 그는 연금제도가 아니라 정치제도가 연금 개혁의 결과를 가르는 핵심적 요소라고 본다. 즉 정치제도가 정부에 부여한 권력 집중의 정도가 개혁을 성공시킬 수 있는 정부의 능력에 결정적 영향을 준다는 것이다.

보놀리에 따르면 정치제도에는 거부점veto points, 즉 "어떤 적절한 행위자 연합이 정책 결정 과정을 중단시킬 수 있는 지점"(Bonoli 2000, 42)이 존재한다. 연금 개혁은 분배 질서의 변화이므로 이 분배 질서의 변화에 의해 손해를 보게 되는 세력은 거부점에 접근해 연금 개혁을 좌절시키고자 한다. 거부점은 각국이 채택한 정치제도에 따라 다르게 나타난다. 일반적으로 권력이 분산된 체제에는 여러 거부점이 존재한다. 연방제와 양원제를 채택하고 있고 입법·행정·사법부 간의 견제와 균형을 원칙으로 하는 미국이 전형적인 예다. 이런 정치체제에서는 소수라 할지라도 잘 조직화되어 있기만 하다면 정책 결정 과정 요소요소의 거부점에 접근해 개혁을 좌절시킬 수 있다.[5]

반면, 권력이 집중된 체제에는 거부점이 적어 정부의 일방적 정책 결정이 용이하다. 입법부와 행정부의 권력이 융합된 내각책임제 정부를 채택하고 있고, 소선거구제-최다수제 선거제도로 인해 양당제 구도가 정착되어 있어 다수제 정부가 수립되기 쉬우며, 지방정부에 약한 권위만 이양하고 있는 영국이 전형적인 사례라고 할 수 있다.

이에 따라 영국의 연금 개혁은 정치제도의 특성을 강조하는 신제도주의적 설명이 가장 잘 맞는 사례로 인용되어 왔다. 권력이 집중된 영국의 정치제도가 정부의 일방주의적 연금 개혁을 가능하게 한 가장 중요

5_국민 대다수가 지지했으나 잘 조직화된 소수의 이익집단들에 의해 번번이 좌절되었던 미국 건강보험 개혁의 역사는 그 전형적 사례로 거론된다.

한 요인이라는 것이다. 특히 대처 시기의 연금 개혁은 재정 상태가 타국에 비해 상당히 양호해 개혁의 방법은커녕 개혁의 필요성에 대한 합의조차 이루어져 있지 않은 상황이었음을 감안할 때, 정치제도라는 요인을 빼고는 설명하기 어렵다는 것이다.

보놀리를 비롯한 신제도주의자들의 설명은 영국을, 비례대표제와 다당제 정치제도 및 조합주의적 정책 결정 메커니즘으로 인해 번번이 연금 개혁이 좌절되었던 대륙 유럽 국가들과 대비시켰고, 영국 연금 개혁의 성공을 설명하는 가장 유력한 시각으로 자리 잡았다. 그러나 이런 시각 역시 명백한 한계를 갖는다. 제도는 '게임 규칙'으로서 사회적 행위자들의 선호와 전략을 '제약'하지만, '결정'하지는 못하기 때문이다. 이는 똑같은 정치제도하에서 영국이 여러 번 연금 개혁에 실패한 사례들도 많았다는 사실을 상기하면 매우 분명해진다. 영국은 역사적으로 보수당과 노동당의 교차 집권에 따라 연금제도가 여러 번 뒤바뀐 경험을 가지고 있다. 1966년 노동당의 연금 개혁안은 1970년 보수당의 집권으로 폐기되었고, 1970년 보수당안은 1974년 노동당의 정부 복귀로 다시 폐기되었다. 1975년 양당은 가까스로 합의에 이르렀으나 이 합의는 1983년 보수당 정부에 의해 다시 폐기되었다(Davies 2000, 23). 즉 일방적 정책 결정이 가능한 다수제 모델은 연금 개혁을 쉽게 결정할 수 있게 하지만, 그것을 쉽게 무효화할 수도 있는 것이다.

2. 제도, 권력관계, 연금 개혁

이 연구에서는 연금 개혁의 정치에 있어 연금제도와 정치제도가 중요하다는 기존 연구의 주장을 받아들인다. 그러나 여전히 제도보다는 특정 국면에서 형성되는 행위자들 간의 권력관계가 제도보다 더 중요하다는 입장에 선다.

신제도론자들의 주장처럼 연금제도는 한 나라에서 가능한 연금 개혁의 방향과 선택의 범위를 제약한다. 또한 정치제도는 이익집단들의 협상 결과를 단순히 인준하거나 공식적 정책 결정 과정으로 이전시키는 구실만 하는 것이 아니며, 그 자체가 이익을 정의하고 그것이 어떻게 정치에서 표현될지, 그리고 어떤 이익이 지배적인 것이 될지를 주형해 내는 구조적 맥락이 된다(Immergut 1992, 5). 하지만 다른 한편, 제도는 이전 역사 국면에서 특정 행위자들 간 권력관계의 응결물이며, 그 위에서 행위하는 행위자들의 권력균형이 변화함에 따라 다시 변화될 수 있다. 이렇게 서로 맞물린, 제도와 행위자 간의 관계는 구조와 행위에 관한 오랜 사회과학 내의 논쟁을 떠올리게 한다. 양자는 분명히 상호 영향을 준다. 그러나 어떻든 제도가 과거 행위자들 간 권력관계의 응결물이라면 행위자들의 갈등과 투쟁은 현재의 살아 있는 행위다. 게다가 안정기에는 구조가 중요한 역할을 하지만 제도 변화의 역동적 국면에서는 행위의 중요성이 더욱 부각되는 경향이 있다.[6] 제도의 중요성을 무시하

6_아이라 카츠넬슨은 제도의 '동요기'에는 행위에 대한 제약이 제거되거나 완화되며 의도적 행위가 특별한 중요성을 지닐 만큼 가능성이 확대된다고 주장한다(Katznelson 2003,

지 않되 행위자들이 만들어 내는 권력관계의 일차적 중요성을 강조하기 위해 이 연구에서는 정치 중심 이론들의 전통을 주축으로 하고, 여기에 몇 개의 새로운 관점들을 결합해 보고자 한다.

이 글에서는 제도를 권력투쟁의 장이자 권력관계의 응결물로 바라본다.[7] 복지국가 연구에서 이런 시각의 근원은 권력 자원론power resource theory이다. 권력 자원론 이론가들(Korpi 1978; 1983; Stephens 1979; Hicks & Misra 1993)은 민주적 자본주의사회에서 자산계급의 권력 자원이 생산수단의 소유라면, 다수의 빈자들have-nots의 권력 자원은 민주주의적 제도를 이용한 조직화라고 보았다. 그리고 노조와 사회민주주의 정당은 노동시장과 정치의 두 영역에서 노동자들을 대표하는 두 조직으로, 이 조직들이 강력할 때 포괄적·보편주의적 복지국가의 발전이 가능해진다고 주장했다. 즉 강력한 노동조합이 고용주 조직과의 사회적 합의를 통해 복지국가의 여러 조건들을 확보할 수 있을 때, 그리고 노동자계급을 대표하는 사회민주주의 정당이 집권해 친노동적인 복지 정책을 펼 수 있을 때, 복지국가의 발전이 가능해진다는 것이었다.

277; 283).

7_구조주의적 마르크스주의자인 니코스 풀란차스는 자본주의 국가를 계급투쟁의 장이자, 계급 관계의 응결물로 정의한 바 있다(Poulantzas 1973). 이 책에서는 이런 관점이 국가뿐만 아니라 제도 일반으로 확장될 수 있다고 본다. 즉 제도는 사회 세력 간의 권력투쟁의 장이자 이들 간의 권력관계의 응결물이라는 것이다. 제도 변화에 대한 캐슬린 씰렌의 설명 역시 이런 관점들과 일맥상통한다. 그녀는 "권력 배분 이론들이 시사하듯 제도는 지속적인 정치적 대결의 대상이며 제도의 기반이 되는 정치적 동맹 관계가 변화하면 제도가 취하는 형태와 더불어 제도가 담당하는 정치적·사회적 기능에 변화가 일어나게 된다"고 주장한다(씰렌 2011, 70).

이런 권력 자원론의 입장은 복지국가를 위한 계급 동맹론으로 발전했다. 즉 노동자계급의 헤게모니에 입각한 중간계급과의 동맹이 사회민주주의 정당의 장기 집권을 낳았고, 이것이 보편주의적 복지국가 발전의 견인차였다는 것이다(Esping-Andersen 1985; Stephens 1979). 결국 이들에게 있어 특정 유형의 복지국가라는 제도는 각각 권력 자원을 가지고 있는 여러 계급 행위자들의 갈등과 투쟁의 결과물이었다.

권력 자원론 계열의 초기 저작들은 1원1표에 기반한 자본주의와 1인1표에 기반한 민주주의의 모순과 갈등, 그것의 타협 지점으로서의 복지국가, 그 타협이 지니는 모순성과 불안정성, 그리고 타협의 주체로서 여러 계급들 간 권력투쟁의 동학 등에 대한 빛나는 통찰을 담고 있었다. 그러나 이후 복지국가 논의들은 초기 권력 자원론의 깊은 통찰을 '노조의 조직률과 권위의 집중성이 높을수록, 그리고 좌파 정당의 집권 기간이 길수록 복지국가의 발전이 용이하다'라는 간명한 주장으로 왜소화시키는 경향을 보였다. 특히 복지국가의 유형화와 발전 원인의 분석을 위한 양적 국제 비교연구들은 이런 경향을 부채질했다.[8]

그러나 다변량 연구에서 계량화를 위해 단순화된 이런 권력 자원론

8_1990년대를 경과하면서 권력 자원론은 '스웨덴 중심주의'라는 딱지와 더불어, 누구나 비판하기 위해 한번 거론하고 지나가는, 한물간 이론으로 치부되는 경향을 보였다. 그러나 복지국가를 둘러싼 중요한 집단적 행위자들의 이해관계의 사회경제적 뿌리, 이들의 경제적 자원과 권력 자원의 비대칭성, 그리고 이들을 대변하는 정당의 이데올로기적 속성의 중요성 등 권력 자원론의 핵심적 통찰은 여전히 유효하다. 비판을 위해서라 할지라도 여전히 많은 연구들이 권력 자원론을 거론하고, 그에 각을 세우면서 자신의 이론을 전개하는 것 역시 역으로 이 이론의 생명력을 증명한다고 할 수 있다.

과 달리 실제로 권력 자원은 훨씬 다양하고 풍부한 것이다. 알렉산더 힉스와 호야 미스라는 권력 자원론을 정교화함으로써 권력 자원론에, 그것의 또 다른 이름이었던 (복지국가에 대한) '정치 중심 접근법'politics-matter-tradition이라는 이름값을 돌려주고자 했다. 힉스·미스라는 정치에서 권력 자원을 세 가지 형태, 즉 ① 정치적·선거적 동원, 내적 응집력, 합의적 리더십에 기반하는 집단행동 자원collective action resources, ② 공식적 제도와 정치적 지지에 기반하는 공식 제도적 자원formal institutional power resources, 그리고 ③ 재정적 자원financial resources으로 세분한 바 있다(Hicks & Misra 1993). 아나 리코는 다시 이 가운데 ① 집단행동 자원을 세 가지 요소로 세분했다. ⓐ 각각의 정치적 행위자들이 만들어 내는 내적 응집력, ⓑ 다른 정치적·사회적 행위자들로부터 받는 외부로부터의 지지, 혹은 제휴 형성 능력, ⓒ 대중으로부터의 지지. 리코는 또한 권력 자원의 제4요소로 지식 기반 권력 자원knowledge-based power resources을 덧붙이고 있다(Rico 2004). 지식 기반 권력 자원이란 정책 모델과 전략을 만들어 내는 전문가들, 정치 시장에서 이슈의 적절한 프레이밍을 통해 특정 정책 모델에 대한 대중의 지지를 동원하고 합의를 만들어 내는 정책 혁신가들policy entrepreneurs의 역할 등을 의미한다.

　이런 권력 자원의 정교화는 맥락을 중시하는 소수 사례의 분석에서는 매우 유용하다. 권력 자원을 노조 조직률이나 사회민주당의 집권 기간 같은 정태적 변수가 아니라, 다른 행위자들과의 관계에서 생기는 상대적 힘으로 파악할 수 있게 해주기 때문이다. 이런 개념들은 연금 개혁과 같은 구체적인 사안을 둘러싼 행위자들의 갈등과 타협의 역동성을 분석하는 데 훌륭한 도구가 될 수 있다.

　이 연구에서는 복지국가에 대한 권력 자원론의 기본 시각을 수용한다. 먼저 권력 자원론의, 넓은 의미의 계급 정치적 시각을 받아들인다. 영국에서 복지국가의 한 프로그램으로서 연금에 대한 이해관계는 크게 보아 계급별로 달랐으며, 이해관계는 기본적으로 계급 이해를 대변하는 양대 정당에 의해 대표되었다. 또한 연금 개혁의 물꼬를 트고 향후 여러 차례 개혁의 방향을 틀 지운 대처 정부의 연금 개혁이 실용적인 재정적 목표보다는 강한 이데올로기적 목표를 가지고 추진되었다는 사실 역시 이런 시각의 정당성을 뒷받침한다. 물론 현실은 훨씬 복잡해 계급을 가로지르는 이해관계자들의 분열, 제3당의 부침, 주요 정당 자체의 이데올로기적 지향의 변화 등을 고려해야 하나 연금 개혁의 전 기간을 이해하는 데 있어 계급 정치적 시각은 기본적으로 유효하다고 할 수 있다.

한편, 권력 자원 자체보다 권력관계를 중시한다는 점에서 이 글은 고전적 권력 자원론을 그대로 차용한다기보다는 변용한다. 권력 자원은 말 그대로 어떤 집단적 행위자가 자신이 원하는 바를 할 수 있게 하는 힘의 원천이다. 반면, 권력관계는 특정 국면에서 행위자들 간의 복합적인 상호작용 속에서 만들어지는 상대적 힘의 관계다. 권력 자원이 상대적으로 정태적인 개념이라면 권력관계는 동태적인 개념이다. 즉 각 행위자의 권력 자원은 중단기적으로는 상대적으로 안정적인 형태로 구조화되어 있는 반면, 권력관계는 특정 국면의 행위자들의 상호작용 '과정'에서 '형성'된다. 또한 권력관계는 권력 자원에 크게 의존하지만 권력관계가 모두 권력 자원으로 환원되지는 않는다. 특정 국면에서 행위자들의 동원, 타 행위자들과의 연대와 제휴 등은 권력 자원이 작은 행위자가 자신에게 유리한 권력관계를 형성할 수 있는 기회를 제공한다. 결국 연금 개혁에 연루되는 각 세력 간의 이해관계, 권력 자원, 권력관계와 제도의 관계는 다음 〈그림 2-1〉과 같이 표현될 수 있을 것이다.

그림 2-1 | 연금 개혁을 둘러싼 복지 정치의 분석 틀

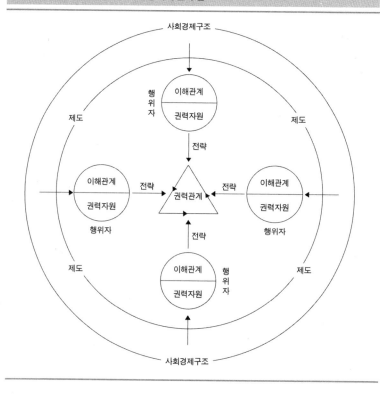

제3장

개혁의 배경

영국의 연금제도와 정치제도

1. 연금제도

연금 체계의 유형과 성격

유럽의 발전한 민주주의 국가들은 모두 노령연금 제도를 가지고 있다. 복지국가 자체가 여러 유형type이나 모델model들로 나누어지듯이 연금 체계도 몇 개의 유형으로 구분된다. 유럽 여러 나라들이 상이한 연금 체계를 갖게 된 것은 일차적으로는 역사적 기원과 관련이 있다. 보통 유럽 연금제도의 역사적 뿌리는 독일과 덴마크에서 최초로 시작된 연금제도들로 거슬러 올라갈 수 있다.

독일의 경우, 1889년 오토 폰 비스마르크Otto Eduard Leopold von Bismarck가 도입한 최초의 연금제도는 당시 고조되던 노동운동의 개량화를 목적으로 한, 일종의 정치적 프로젝트였다. 비스마르크는 노동자들의 체제 내화를 위해 연금을 비롯한 일련의 사회복지 프로그램을 도입해 이들에게만 배타적으로 제공하도록 했다. 더불어 노동자들의 정치적 조직화를 금지하는 법도 함께 제정했다(Alber 1986, 5; Baldwin 1990, 59-65). 반면, 덴마크에서는 1891년 일정 소득 이하의 노인 인구를 대상으로 연금제도가 도입되었다. 즉 이 경우는 구빈법의 현대화를 통한 노인 빈곤의 구제가 근대적 연금제도 도입의 목적이었다(Baldwin 1990, 65-76).

두 나라의 연금제도는 이렇게 서로 목적이 달랐기 때문에 구조와 재원 조달 방식도 판이하게 달랐다. 독일의 연금제도는 사용자와 노동자가 동률로 부담하는 기여금으로 재원을 조달했으며 국가보조금이 지급되었다. 연금 수급 자격은 기여금 납부로 결정되었고, 급여는 기여에 비례해 제공되었다. 결과적으로 연금 수급자의 급여 수준은 취업 시의 소득수준을 반영했고, 취업 시의 계층적 차이는 노년의 연금에도 그대로 반영되었다. 반면, 덴마크의 연금제도는 조세로 재원을 조달했으며, 자산조사를 거쳐 빈자에게만 지급되었고, 정액제 급여체계를 가지고 있었다(Bonoli 2000, 10-11).

이후 이 두 개의 연금제도는 연금제도의 기본 모형이 되었고 다른 나라들로 확산되었다. 이탈리아(1919년), 프랑스(1932년)가 산업 노동자들을 대상으로 독일 모델을 도입했고, 미국(1936년)과 스위스(1948년)는 모든 직업군을 대상으로 독일 모델을 도입했다. 한편 뉴질랜드(1898년), 영국(1908년), 스웨덴(1913년), 노르웨이(1936년) 등은 덴마크 모델을 도입했다. 대체로 대륙 유럽 국가들과 미국은 독일 모델을, 미국을 제외한 앵글로-색슨 국가들과 북유럽 국가들은 덴마크 모델을 도입했다고 할 수 있다. 이렇게 본다면 흔히 독일 모델은 비스마르크 모델, 덴마크 모

델은 베버리지 모델로 불리는데, 사실상 베버리지 모델은 베버리지 이전에 탄생했다고 할 수 있다.[1]

출발이 된 연금 모델은 달랐지만, 제2차 세계대전 이후 연금 확대 과정에서 여러 나라들의 연금 체계는 서로 수렴되는 경향을 보였다. 비스마르크 모델을 채택한 나라들은 산업 노동자 외에 다른 직종 집단들, 즉 농민, 비공업 노동자, 화이트칼라 피용자, 자영업자들로 하여금 각각 조합을 결성해 기존 사회보험 체계에 가입하게 하는 방식으로 연금제도를 확대했다. 그리고 독일을 제외한 거의 대부분의 나라들이 기존 사회보험 제도의 산하에, 혹은 별도의 프로그램으로, 자산조사 연금제도를 도입했다. 비스마르크 연금의 특성상 소정의 기여를 할 수 없는 사람들은 연금 수급권을 가질 수 없었고 이는 노년 빈곤을 야기했기 때문이다. 결국 기여와 급여의 엄격한 연동을 특징으로 하는 비스마르크 모델 내에 세금을 통해 재원 조달되는 정률 연금이라는 베버리지적 요소가 가미된 것이다.

한편 베버리지 모델로 출발했던 나라들에서는 자산조사가 철폐되고 전 인구를 대상으로 하는 보편연금이 실시되기 시작했다. 그러나 보편연금으로 지급되는 이 정률 급여는 매우 낮은 — 때로는 공공부조보

1_보놀리는 실번(Silburn 1995, 92-3)을 인용해 비교 사회정책 분야에서 흔히 사용되는 '베버리지 식'(Beveridgean)은 보통 세금으로 재원이 조달되는 프로그램을 의미하나, 사실상 베버리지는 사회보험에서 세금보다는 기여금에 의한 재원 조달을 선호했음을 지적하고 있다(Bonoli 2000, 11). 따라서 '베버리지 식'이라는 개념은 베버리지가 지향했던 사회정책의 수단보다는 그 목표, 즉 빈곤 구제(freedom from want)로부터 왔다고 봐야 한다는 것이다.

다 더 낮은 — 수준이었기 때문에 노후소득보장 수단으로서 충분하지 못했다. 이에 따라 소득수준이 높은 중간층 이상들은 기여와 급여가 연동되는 각종 직업연금에 가입하는 경우가 많았다. 직업연금을 가질 수 없었던 하층 노동자들로부터 정률 급여를 넘어서는 소득비례연금에 대한 요구가 높아지자, 베버리지 모델로 출발했던 많은 나라들은 보충적인 공적 소득비례연금 제도를 도입했다. 이로써 이들 나라에서는 정률의 보편적인 기초연금 위에 소득비례연금이라는 비스마르크적 요소가 가미되었다.

결국 이런 수렴 현상을 거쳐 대부분의 국가들은 2층으로 구성된 공적연금 체계를 가지게 되었다. 즉 1층의 기초연금은 모든 국민의 최저 생활을 보장하고, 2층의 소득비례연금은 취업 당시의 소득수준에 상응하는 적정 급여를 보장하는 역할을 하게 되었던 것이다.

이처럼 제2차 세계대전 이후 수렴 현상으로 말미암아 경계가 모호해졌음에도 불구하고 연금 체계의 유형화 자체는 여전히 유의미하다. 출발 당시의 세력 관계와 정책 의도를 반영한 제도의 디자인은 이후 연금제도의 발전에 영향을 주었고, 여전히 그 골격이 유지되면서 연금 개혁에 영향력을 발휘하고 있기 때문이다.

〈표 3-1〉은 역사적 배경과 제도적 특성을 함께 고려해 로즈·나탈리가 연금 체제pension regime를 유형화한 것이다(Rhodes & Natali 2003, 3). 먼저 역사적으로 볼 때 유럽의 연금제도들은 비스마르크적 뿌리를 갖는 나라와 베버리지적 뿌리를 갖는 나라로 나뉜다. 비스마르크적 뿌리를 갖는 나라들은 이념적으로는 보수주의적-조합주의적 모델에 해당된다. 연금제도의 관리 주체라는 측면에서 볼 때는 노사라는 사회적 파트너와 국가에 의해 연금이 관리되는 '사회적 관리'social administration 방

표 3-1 | 연금 체제의 유형과 특성(2000년대 초 유럽 기준)

		비스마르크적 뿌리						베버리지적 뿌리	
		보수적-조합주의적 모델						자유주의 모델	사회민주주의 모델
		사회적 관리					국가관리		
		사회보험					다층제		사회보험
		오스트리아	독일	프랑스	이탈리아	스페인	네덜란드	영국	스웨덴
1층	국가/균등 보편연금	–	–	부과 방식	부과 방식	부과 방식	부과 방식	부과 방식	부과 방식
	국가/소득비례	부과 방식	부과 방식	부과 방식	부과 방식	부과 방식			
2층	의무적, 혹은 준의무적 직업연금	×	×	○ (부과 방식)	×	×	○ (적립식)	○ (적립식)	○ (부과 방식)
3층	자발적 개인연금	저발전	저발전	저발전	저발전	저발전	발전	발전	저발전
		순수 직역 체계		직역+자산조사 체계			보편주의+직역 체계		순수 보편주의 체계

주: '사회적 관리'는 노사정 삼자에 의한 관리(administration), '국가관리'는 정부에 의한 관리를 가리킨다. 네덜란드의 1층은 국가관리, 2층은 단체 협상에 의한 사회적 관리로 운영된다. 오스트리아의 경우 직업연금 액수가 너무 낮을 경우 국가가 제공하는 빈곤 방지용 보조금은 다른 나라의 자산조사 연금과 유사하다.
자료: Rhodes & Natali(2003, 3), 표 4.

법을 취한다. 이 나라들의 연금제도는 기본적으로 기여에 의해 수급권이 생기고 기여와 급여가 연동되는 사회보험 방식을 취한다. 기여-급여의 엄격한 연동으로 국가연금이 고소득층도 만족할 만한 높은 수준의 급여를 제공하기 때문에 민간 개인연금은 저발전하며, 의무적·준의무적인 법정 민간 직업연금 체계도 존재하지 않는다. 이 유형은 다시 두 개의 하위 유형으로 나뉜다. 하나는 비스마르크형의 원형에 더 가까운, 보편적인 균등률 연금이 없이 소득비례연금만 존재하는 ① 순수 직역 체계Pure Occupational Systems다. 독일과 오스트리아가 여기에 해당한다. 미국도 이에 가깝다고 할 수 있다. 또 하나는 베버리지적 요소를 받아들여 국가연금이 보편적인 균등률의 기초연금+소득비례연금으로 구성된 ② 직역+자산조사 체계occupational+means-tested systems다. 프랑스·이탈리아·스페인이 여기에 해당한다.

한편, 베버리지 방식에 뿌리를 둔 연금 체제는 연금제도의 관리 주체라는 측면에서 볼 때 국가관리state administration, 즉 중앙정부가 운영 주체라는 특성을 가지고 있다. 국가연금은 균등률의 기초연금＋소득비례연금이라는 2층 체계의 형태를 띠고 있고, 의무적·준의무적 법정 직업연금도 발전해 있다. 베버리지 방식에 뿌리를 둔 연금 체계는 이념적으로 볼 때 자유주의 모델과 사회민주주의 모델로 나뉜다. 이 두 모델의 차이는 자유주의 모델의 경우 민간 개인연금이 발전해 다주제의 모습을 띠고 있는 반면, 국가연금의 급여 수준이 높은 사회민주주의 모델의 경우는 사회보험 방식이 지배적이고 민간 개인연금이 발전하지 않았다는 것이다. 자유주의 모델을 대표하는 것은 영국인데, 네덜란드도 비스마르크적 뿌리에서 출발했으나 제2차 세계대전 이후 영국과 매우 유사한 제도적 특징들을 발전시켰다. 이 때문에 로즈·나탈리는 영국과 네덜란드를 묶어 ③ 보편주의＋직역 체계라고 부르고 있다. 사회민주주의 모델을 대표하는 것은 스웨덴으로 로즈·나탈리는 이를 ④ 순수 보편주의 체계라고 명명했다.

이상의 연금 체계의 유형 분류상으로 보면 영국은 베버리지 방식에 뿌리를 둔 자유주의 모델의 하위 유형으로서 보편주의＋직역 체계에 속한다고 할 수 있다. 이제 영국이 어떻게 이런 연금제도를 갖게 되었는지 간략히 살펴보도록 하겠다.

영국 연금제도의 역사적 발전

영국에서 처음으로 공적연금이 도입된 것은 1908년 노령연금법이 제정되면서부터이다. 일찍 진행된 고령화 — 1925년 이미 65세 인구가 전체 인구의 7%에 이르렀다 — 와 사회조사를 통해 드러난 노인 빈곤의 심각성이 입법의 직접적 배경이었다. 독일·덴마크·뉴질랜드에서 이미 공적연금이 도입되어 있었다는 점을 감안하면 당시 최고의 선진 자본주의국가였던 영국의 공적연금 도입은 결코 이르지 않은 것이었다. 도입 당시 공적연금은 자산조사와 도덕조사를 거쳐 70세 이상의 노인에게 기여 조건 없이 지급되었다. 1919년 〈노령연금법〉 개정을 통해 자산조사가 다소 완화되고 공공부조 수급자에게도 연금을 지급하게 되면서 연금 지출이 증가했다. 이에 정부는 과세 증대를 피하고자 기여 연금제를 도입했다. 1925년 〈미망인·고아·노령기여연금법〉은 65~70세의 건강보험 가입자를 대상으로 기여 연금제도를 도입하고 사용주와 피용자가 보험료를 같은 비율로 기여하도록 했다(Bozio et al. 2010, 7-8).

제2차 세계대전의 종전과 더불어 영국은 현대적 복지국가의 시기로 접어든다. 1942년의 베버리지 보고서를 기초로, 1948년 베버리지의 국민보험 계획이 법제화되었다. 그리고 이에 따라 연금제도도 일대 개혁을 맞게 된다. 먼저 자산조사가 철폐되면서 노령연금은 이제 사회적 시민권 개념에 입각해 65세 이상의 모든 인구를 포괄하는 보편 급여가 되었다. 그러나 65세 이상의 모든 인구가 자동적으로 수급권을 갖게 되는 것은 아니었다. 노령연금은 균등 기여에 균등 급여라는 원칙을 가지고 있었기 때문에 실질적 수급권은 기여한 자만 가질 수 있었다(Bozio et al. 2010, 7-12). 이는 대부분의 여성을 포함해 유급 노동을 하지 않는 자를 사실상 급여 대상에서 제외한다는 것을 의미했다.

단위: 남성 노동자 평균 소득 대비 %

		1950년	1970년
영국[1]	퇴직연금	30.4	31.6
	질병/실업급여	25.7	35.1
스웨덴[2]	노령연금	28	81
	질병급여	21	74
	실업급여	57	69

주 1: 자녀가 없는 결혼한 부부를 기준으로 한다.
  2: 두 명의 부양 자녀를 둔 결혼한 부부를 기준으로 한다.
자료: Parry(1986, 189)에서 재구성; Esping-Andersen & Korpi(1984, 201); Johansen & Kolberg(1985, 165)에서 재구성.

또한 균등 급여는 '국민 최저선'national minimum이라는 원칙하에 노후 생활을 유지하기에는 크게 모자란 액수가 지급되었다(〈표 3-2〉). 이는 국가는 사회적 위험에 처한 사람들에게 인간다운 생활이 유지될 수 있는 최소한의 급여만을 제공하며, 그 이상에 대해서는 시민들이 자신의 의지와 능력에 따라 꾸려 갈 책임과 자유를 가져야 한다는 베버리지의 자유주의적 원칙에 따른 것이었다. 즉 적정 보장이 아니라 최저 보장이라는 노령연금의 원칙은 처음부터 의도된 것이었던 셈이다.

이렇게 노령연금이 적절한 노후보장책이 되지 못하자 민간 직업연금이 중간층을 중심으로 점차 확산되었다. 사실상, 영국에서 처음으로 직업연금 제도가 생겨난 것은 1743년으로 공적연금의 도입보다 훨씬 빨랐다. 노령연금이 자산조사를 통해 빈자에게만 지급되던 시절, 이미 숙련노동자들이나 고소득층들은 자구책으로 고용주와의 협상을 통해 직업연금에 가입했던 것이다. 그 결과 1908년 공적연금이 도입될 당시 이미 근로자의 5%가 직업연금에 가입해 있었고, 국가는 1925년 직업연금의 기여금과 적립금 투자에 대해 세금 감면 제도를 실시했다(Blake 2003; 김수완 2004, 236-7).

표 3-3 | 영국 노동자의 기업연금 가입 추이(1951~91년)

단위: %

연도	남성	여성	총인구 대비
1953	34	18	28
1956	43	21	35
1963	63	21	48
1967	66	28	53
1971	62	28	49
1975	63	30	49
1979	62	35	50
1983	64	37	52
1987	60	35	49
1991	57	37	48

자료: Government Actuary Department, UK(1994, 4); Lynes(1997)에서 인용.

베버리지 개혁 이후 보편연금의 도입에도 불구하고 낮은 급여 수준 때문에 공적연금으로 노후보장 문제가 해결되지 않자, 중간계급 이상은 고용주와의 협상을 통해 기업 단위의 직업연금에 점점 더 많이 가입했다. 이에 따라 1953년에 이르면 이미 근로자의 28%(약 600만 명)가 직업연금에 가입하게 된다. 직업연금은, 국가 노령연금이 소득수준에 비해 점점 상대적 가치가 줄어든다는 문제점을 안고 있는 가운데, 1950~60년대의 경제성장 및 주식시장의 확대를 배경으로 점점 더 성장했다(〈표 3-3〉).

한편, 육체노동자들은 약 30% 정도만이 직업연금에 가입해 있었다. 이들 대부분은 여전히 미흡한 공적연금에만 의존해야 했는데, 1950년대 후반 국민보험의 연금 급여 수준은 공공부조액에도 미치지 못하는 수준이었다. 결국 노후 불평등과 노년 빈곤은 점차 중요한 사회문제가 되었다. 이런 상황에서 영국처럼 베버리지형 연금으로 출발했던 스웨덴 등 인접국에서 하층계급의 적절한 노후소득보장을 위해 1층 균등 급여 연금 위에 SERPS(2층 공적연금)를 도입하려는 논의가 1950년대 중반 이후 시작되자,[2] 영국에서도 연금 개혁 논의가 점화되었다. 노동당은 기존의 노령연금 위에 부가되는, 소득에 따라 기여와 급여가 연동되는 소득비례연금을 도입할 것을 제안했다. 보수당은 소득을 등급으로 나누어 등급별로 차등 연금을 지급하는 방식의 '등급별 국가퇴직연금'State Graduated Retirement Pension Schemes을 당론으로 제시했다. 결국 보수당이 1959년 집권하면서 '등급별 국가퇴직연금'이 1961년부터 실시되었다.

이로써 영국의 연금제도는 스웨덴과 결정적으로 다른 경로로 들어섰다. 비슷한 시기 스웨덴 사회민주당이 힘겨운 싸움 끝에 승리해 마침내 노동자들에게도 적정 노후 소득을 보장할 SERPS 제도를 도입했던 것과 달리 영국 노동당은 이에 실패한 것이다. 보수당의 '등급별 국가퇴직연금'은 소득 등급별로 기여와 급여를 연동시켜 기여에 따라 급여액을 높일 수 있도록 설계되었다. 그러나 소득 비례가 기여액에 정확히 비례하는 것이 아니라 등급별로 적용되는 데다가, 기여와 급여가 근로 기간 동안의 물가나 임금 인상에 연동되지 않게 함으로써 실제로 급여액

2_스웨덴에서는 1956년 노동조합총연맹(LO)이 연금에 있어 노동자계급과 중간계급의 형평성을 확보하기 위해 기존의 연금제도를 개혁할 것을 사회민주당에 제안했다. 당시 블루칼라 노동자들은 1946년 〈국민연금법〉에 의한 균등률 기초연금 외에 거의 추가적 연금을 받을 수 없었다. 반면, 공무원이나 화이트칼라 상층은 고용주와의 계약을 통해 직업연금을 받아 부족한 연금을 보충할 수 있었다. 베버리지 식 연금제도를 가지고 있던 영국과 유사한 상황이었던 것이다. LO와 사회민주당의 대안은 의무적인 소득 비례 보충연금을 도입하자는 것이었는데 이는 격렬한 정치적 논쟁을 유발하면서 스웨덴 정치를 양극화시켰다. 보충연금안은 하원 통과 실패, 정부 해산, 선거에서 사회민주당의 힘겨운 승리, 다시 한 표 차이로 하원 통과라는 힘겨운 과정을 거쳐 결국 입법화되었다. 입법 과정은 험난했으나 이런 보충연금 제도의 도입을 계기로 한 블루칼라-화이트칼라의 연대 구축은 이후 스웨덴의 보편주의적 복지국가 건설에 중요한 기반이 되었다(김영순 1996, 102).

을 높이는 효과는 매우 제한적이었다. 중간층 이상에게는 별로 매력적이지 않게 제도가 설계된 것이다. 게다가 '등급별 국가퇴직연금'은 직업연금으로의 외부 대체가 허용되었다. 이미 기여와 급여가 철저히 연동되는 조건 좋은 직업연금을 가진 중간계급 이상의 피용자가 '등급별 국가퇴직연금'에 가입할 이유가 없어진 것이다.

결국 정부는 실제로는 전 국민을 포괄하는 보편적인 2층 국가연금을 통해 노후 소득을 보장하겠다는 데 별 의지를 가지고 있지 않음을 보여 준 셈이었다. 보수당 정부는 계급별 연금 불평등과 하층계급의 노년 빈곤에 대한 비판이 높아지자 이에 대응하는 제스처를 취했을 뿐, 실제로는 국가는 최소 보장만을 담당하고 나머지는 시장에서의 자구 능력에 따라 해결한다는 자유주의적 원칙에서 한 걸음도 벗어나지 않았던 것이다.

이런 보수당의 연금 정책을 비판해 왔던 노동당은 1974년 집권하자 연금제도를 손보았다. 먼저 1974년에는 〈국민보험법〉을 개정해 연금 급여를 물가나 소득 중 더 많이 올라간 쪽에 연동해 산정하도록 했다. 또한 1975년에는 바바라 카슬Barbara Castle의 주도하에 〈사회보장연금법〉을 제정해 국가 비례 퇴직연금을 SERPS로 대체했다(1978년부터 실시). SERPS는 완전한 소득비례연금으로서 급여는 근로 기간 중 '최고 소득을 올린 20년'에 기초해 산정하도록 했다. 기여는 근로 기간 동안 평균 소득의 증가에 따라, 급여는 퇴직 후 물가 상승에 따라 조정되도록 했으며, 유족연금 또한 사망한 배우자의 급여의 100%로 설계되어 매우 관대한 구조를 가지고 있었다. 한편 SERPS의 도입에 따라 기존의 균등률 보편연금은 이제 기초연금의 지위를 가지게 되었다.[3] 노동당은 기초연금 급여도 완전 연금의 경우 평균임금의 25% 수준으로 조정했으며,

임금과 물가 중 더 많이 인상된 쪽으로 연동되게 함으로써 급여 수준을 유지할 수 있게 했다.

이런 SERPS의 도입은 국민적 최저선의 논리를 넘어 공적연금의 소득보장 기능과 사회 연대적 원리를 획기적으로 강화한 것으로 받아들여졌다. 그러나 다른 한편 민간연금에 대한 노동당 정부의 입장은 영국의 연금제도가 스웨덴의 그것과는 점점 더 다른 길로 가고 있음을 보여주는 것이기도 했다. 스웨덴의 경우 오랜 논란 끝에 1959년 도입된 보충연금Allmän tilläggspension, ATP은 의무적인 2층 연금 제도로서 민간연금으로의 외부 대체를 허용하지 않았다. 따라서 블루칼라 노동자들이나 화이트칼라 노동자들은 모두 이 단일한 2층 연금 체계에 포섭되었고, 기존에 존재하던 고소득층 화이트칼라들을 위한 민간 직업연금은 3층 연금으로서의 지위를 갖게 되었다. 그리고 2층 연금의 탄탄한 발전은 3층 연금의 확대를 억제했다.

반면, 영국에서는, 과거보다 조건이 강화되기는 했지만, 기존의 확정급여형 직업연금으로 SERPS를 대신하는 것을 허용했다.[4] 게다가 기존의 직업연금 체계가 동요하는 것을 방지하기 위해 직업연금으로 SERPS의 외부 대체를 한 경우, 어떤 경우에도 최소한 SERPS에서 제공하는 최소 수준의 연금 정도는 받을 수 있도록 하는 보장최저연금GMP

3_이하에서는 국민보험에 의한 이 균등률 보편연금을 '기초연금'으로 부르도록 하겠다. 영국에서도 이를 국가기초연금(state basic pension)으로 부르기도 한다.

4_강화된 요건이란, SERPS를 대체하는 직업연금은 SERPS가 제공하는 것 이상의 소득 비례 급여를 지급해야 한다는 것, 유족 급여 제공의 보장, 물가 상승에 대한 급여 보전 장치 등이었다.

규정을 도입했고, 비용 조달을 지원하기 위해 할인율을 적용해 주기까지 했다. 다만 직업연금이 보장최저연금을 지급해야 할 경우 그 결정은 정부의 '직업연금위원회'가 하게 함으로써 제도의 오남용을 막는 안전장치를 도입했다. SERPS에 들어갈 것인지 외부 대체를 택해 직업연금을 제공할 것인지의 결정은 개별 노동자가 아니라 고용주가 했고, 고용주들은 숙련노동력을 확보하는 수단으로 직업연금을 채택하는 경우가 많았다. 광범위한 외부 대체의 허용에 따라 1980년대 초가 되면 약 60%의 노동자들은 국가연금을 퇴직 후 주요 소득원으로, 40%의 노동자들은 직업연금이나 개인저축을 주요 소득원으로 하게 될 것으로 예측되었다(DSS 2000, ch. 2; Taylor-Gooby 2005, 120에서 재인용).

이런 외부 대체의 광범위한 허용은 영국의 연금제도가 여전히, 국민최저선인 1층 기초연금을 넘어서는 노후소득보장에 대해 보편주의를 적용하기를 꺼리는 자유주의적·잔여주의적 원칙에서 벗어나지 않았음을 보여 주는 것으로 해석할 수 있다. 결국 이와 같은, 공적연금에 의한 민간연금의 부차화crowding out가 아닌 양자의 병행 발전의 추구는, 훗날 대처 정부가 공적연금의 축소 개혁을 추진할 수 있게 하는 토대가 되었다.

축소 개혁 전 영국 연금제도의 특징

그렇다면 이렇게 복지국가의 전성기까지 확대된 영국의 연금제도는 다른 나라들에 견줘 어떤 특징들을 가지고 있었는가? 일단의 신제도주의적 입장의 연구자들이 영국의 연금 개혁을 설명하는 중요한 원인으로 연금제도의 구조와 성격에 주목한다는 점에서 이를 확인하는 것은 매우 중요한 작업이라고 할 수 있다.

그림 3-1 | 대처 정부 개혁 전 영국의 연금 구조

	국가연금	민간연금
3층		개인연금
2층	PAYG SERPS	적립식 직업연금
1층	기초연금	
공공부조	자산조사 소득 보조 연금	

첫째, 1978년 개혁으로 영국의 연금제도는 '기초연금+공적연금인 SERPS/혹은 확정급여형 직역연금으로의 외부 대체'라는 2층 체계를 확립하게 되었다(〈그림 3-1〉). 이는 로즈·나탈리의 연금제도 유형으로 보면 베버리지적 기원을 갖는 자유주의 모델로서, 보편주의적 공적연금과 시장 논리에 따른 직업연금이 병립하는 '보편주의+직역연금 체계' universal+occupational systems라고 할 수 있다(Rhodes & Natali 2003, 3).

둘째, 1층의 기초연금은 보편주의의 원칙에 따라 65세 이상의 모든 인구를 포괄하고 있었다. 그러나 재원은 조세가 아니라 기여금에 의해 조달되도록 설계되었고, 수급권도 일정 기간 이상 기여한 자로 제한되었다. 이에 따라 대부분의 여성 등 경제활동 연령기에 유급 노동을 하지 않은 사람들은 수급권을 갖지 못했다. 기초연금은 국가는 '국민적 최저선'만을 책임지고 나머지는 각자 알아서 해결해야 할 책임과 권리를 갖는다는 논리에 따라 동액기여-동액급여의 구조를 가지고 있었기 때문에 급여 수준은 매우 낮았다. 1960년까지도 기초연금의 소득 대체율은 15%에 불과했고 급여액은 공공부조 급여 수준에도 미치지 못했다. 이에 따라 직업연금이나 개인저축 등 따로 노후 대비책을 갖지 못한 저소득층은 노인 빈곤에 노출되었다.

셋째, 노인 빈곤과 노후 불평등 문제에 대응하기 위해 2층의 SERPS가 도입되었다. SERPS는 평생 재직 기간 중 최고 소득을 올린 20년간의 소득을 기초로 산정하고 유족 급여를 100% 인정하는 등 수급자에게 매우 관대한 구조를 가지고 있었다. 그러나 SERPS는 2층 연금을 둘러싼 노동당-보수당의 긴 줄다리기로 인해 1978년에야 도입되었다. 따라서 대처 정부가 들어서고 복지국가에 대한 공격이 가열되었을 때 그 성숙도는 매우 낮았다. 이는 SERPS의 고객층이 이 제도와 관련해 자신의 이해관계를 자각하고 이를 방어할 만큼 강한 세력이 되기 어려웠음을 의미한다. SERPS 관련 이익집단은 넓고 깊게 뿌리내릴 여유를 갖지 못했고, 이는 1980년대 대처 정부가 공적연금 축소 개혁을 추진할 때 저항이 제대로 조직화되지 못하는 데 중요한 역할을 했다.

넷째, 취약한 공적연금과 달리 영국에서 민간 직업연금은 오랜 역사적 뿌리를 가지고 있었고, 탄탄한 이해관계자 기반을 가지고 있었다. 일찍이 1743년에 시작된 직업연금은 보편연금이 미미한 수준에 머무르자 더욱더 확대되었다. 직업연금 가입자는 1953년 총인구 대비 28%, 1979년에는 50%에 이르렀다. 그리고 이렇게 중간계급과 노동자계급의 상층이 직업연금에 포괄되자 공적연금의 급여 적정선을 높이기 위한 압력은 약해졌다. 결국 공적연금의 저발전이 민간연금의 발전을 부추기고, 민간연금의 발전이 공적연금의 발전을 저해하는 상호 강화 작용이 일어나면서 영국의 공적연금은 노후소득보장의 중심으로 자리 잡지 못했던 것이다.

다섯째, 복지 동맹이라는 관점에서 볼 때, 보편적이나 인색한 공적연금과, 광범위하게 발전한 직업연금이라는 파편화된 영국의 연금 체계는 결국 공적연금의 축소 개혁을 용이하게 하는 이해관계의 구도를 만들어 놓았다. 분절화되고 미발전한 영국의 연금 체계는 잠재적인 수급자들의 이익이 대표되는 방식 역시 분열되고 취약하게 만들었다 (Pierson 1994, 53-54). 공적연금이 발전한 나라에서 중요한 연금 방어 세력이 되었던 노조는, 영국의 경우에는 새로운 2층 공적연금 못지않게 직업연금을 중시했다. 특히 이미 직업연금을 확보하고 있던 상층 노동자들의 노조에게는 직업연금이 더 중요한 관심사였다. 결국 노조는 스웨덴에서처럼 사회 연대적인 공적연금의 열렬한 지지자가 아니었으며 분화된 이해관계를 따라 행동하는 경우가 많았다.

마지막으로 직업연금의 광범위한 발전은 관련 연금 산업을 중요한 연금 정치의 행위자로 만들었다. 뒤에 보겠지만 영국에서 연금 개혁을 위한 사회적 자문위원회에 노조는 들어가지 않아도 반드시 연금 산업의 대표는 들어가게 된다.

2. 정치제도

영국의 정치제도

영국의 연금 개혁은 정치제도의 영향력을 강조하는 신제도주의적 설명이 가장 잘 맞는 사례로 인용된다. 이 입장에서는 권력이 집중된 영국의 정치제도가 정부의 일방주의적 연금 개혁을 가능하게 한 가장 중요한 요인이라고 주장한다. 특히 대처 시기의 연금 개혁은 재정 상태가 타국

에 비해 상당히 양호해 개혁의 방법은커녕 개혁의 필요성에 대한 합의
조차 이루어져 있지 않은 상황에서 강행되고 성공했는데, 이는 정치제도
라는 요인을 빼고는 설명하기 어렵다는 것이다(Bonoli 2000, 3-5; 42-57).

　신제도주의자들에 따르면 연금 개혁은 분배 질서의 변화이므로 변
화에 의해 손해를 보게 되는 세력은 거부점에 접근해 연금 개혁을 좌절
시키고자 한다. 그리고 이 거부점은 각국이 채택한 정치제도에 따라 다
르게 나타난다. 보통 대통령제나 이원 집정부제보다는 의회제를, 양원
제보다는 단원제를, 연방제보다는 중앙집권제 등을 채택하는 나라들에
서는 거부점이 적어 정부의 일방적 정책 결정이 용이한데, 영국이 그 전
형적 사례로 거론된다. 영국은 입법부와 행정부의 권력이 융합된 내각
책임제를 채택하고 있고, 양원제이나 상원의 권력이 매우 약하며, 소선
거구제-최다수제 선거제도로 인해 양당제 구도가 정착되어 있어 다수
제 정부가 수립되기 쉽고, 지방정부에 약한 권위만 이양하고 있기 때문
에 가장 거부점이 적은 정치 체계를 가지고 있다는 것이다.

　그렇다면 영국에서는 이런 정치제도들이 구체적으로 어떤 메커니
즘을 통해 집권 정부의 일방적 정책 결정을 가능하게 하는가? 거부점 출
현에 중요한 역할을 하게 되는 선거제도 먼저 살펴보자.

　영국은 총선에서 소선거구제-최다수제를 채택하고 있다. 한 선거
구에서 한 명의 의원을 선출하며, 다른 후보자들보다 한 표라도 많이 얻
어 1위를 하게 되면 당선이 된다first-past-the post rule. 잘 알려진 바와 같
이 이런 선거제도는 많은 사표를 발생시키고 표와 의석 간의 불비례성
disproportionality을 야기한다. 즉 득표율과 의석 점유율 간의 차이를 크게
만들어, 큰 정당에는 유리하고, 작은 정당과 신생 정당에 불리하게 작동
한다. 〈표 3-4〉에서 보듯이 1979~97년간 보수당은 의회 내에서 절대

과반수를 차지하며 계속 집권했지만, 단 한 번도 과반수 득표를 한 적이 없다. 어쨌든 이런 단점에도 불구하고, 영국민들은 소선거구제-최다수제가 단일 정당 정부single party government의 구성을 용이하게 하고, 이를 통해 정치적 안정성이나 정부의 지속성과 책임성을 확보할 수 있다는 점에서 이 선거제도를 선호하는 것으로 알려져 있다(강원택 2004, 265).[5]

이런 선거제도에 의해 다수당이 정부를 구성하고 나면, 의회나 여타 정당은 정책 결정과 관련해 집권 정부를 견제할 수단이 별로 없다. 교차투표cross-voting가 빈번한 미국과 달리, 영국에서는 원내 총무제whip로 대표되는 엄격한 정당 규율하에서 의회 내 다수당은 대개는 일치단결

5_이런 선거제도의 가장 큰 피해자는 제3당인 자유민주당이다. 2010년 5월 총선에서도 자유민주당의 전국 득표율은 23.3%에 달했지만 하원 의석은 8.8%인 57석을 얻는 데 그쳤다. 총선 후 자유민주당은 선호투표제(alternative vote) 도입에 대한 국민투표를 실시한다는 조건하에 제1당이 된 보수당이 이끄는 연립정부에 참여했다. 이에 따라 2011년 5월 영국 하원 의원 선거에서 선호투표제를 도입하는 선거제도 개편 방안이 국민투표에 부쳐졌다. 그러나 개표 결과 투표자의 69%가 선거제도 개혁에 반대함으로써 개혁은 무산되었다.

해 내각의 정책을 그대로 지지하게 되며 이는 법률의 통과를 거의 보장하는 역할을 한다. 또한 비례대표제로 인해 연립정부를 구성하게 되는 대륙 유럽의 나라들과 달리, 집권 정부가 법안 통과를 위해 사전에 이해관계를 조정하고 협상하는 과정도 크게 필요하지 않다. 즉 영국의 경우 집권 정부는 입법부를 통제하기가 매우 용이하며 로비로부터도 상대적으로 자유롭다고 할 수 있다.

그렇다면 이런 정치체제하에서는 무조건 일방적 정책 결정이 가능한가? 보놀리에 따르면 비록 거부점이 적고 권력이 집중된 정치체제라 할지라도 권력 집중이 대중이 싫어하는 정책을 실행하려는 정부에 항상 유리하게 작용하는 것은 아니다(Bonoli 2000, 46-49). 권위의 집중이라는 동전의 이면은 책임성accountability의 집중이며, 이는 차기 선거에서 심판당할 가능성 역시 높여 주기 때문이다.

권력 집중의 이점과 책임성 부담 중 어느 것이 더 부각될 것인가는 예단하기 어렵지만 몇 가지 예측은 가능하다. 첫째, 정당 간 경쟁이 치열하고 야당의 집권 가능성이 크다면 책임성 문제가 더 부각될 것이다. 둘째, 책임성은 비례대표제보다는 최다수제를 택하는 선거제도에서 더 두드러질 것이다. 셋째, 선거 주기에 따라 책임성의 정도가 다를 수 있다. 즉 선거가 가깝다면, 혹은 자주 선거가 이루어지는 나라라면, 인기 없는 정책을 강행한 정부는 심판의 위기에 직면할 가능성이 크다. 보놀리는 영국에서 대처 정부 시기 급진적 연금 개혁이 가능했던 이유로 야당의 분열과, 제1야당인 노동당의 무력화로 대처 정부가 책임성의 문제로부터 자유로울 수 있었기 때문이라고 본다.

이런 보놀리를 비롯한 신제도주의자들의 설명은 비례대표제, 다당제 정치제도와 조합주의적 정책 결정 메커니즘으로 인해 번번이 연금 개혁이 좌절되었던 대륙 유럽 국가들과 대비되면서 영국의 연금 개혁의 성공을 설명하는 가장 유력한 시각으로 자리 잡았다. 실제로 이런 시각은 영국의 연금 개혁을 이해하는 데 중요한 열쇠를 제공하고 있으나, 영국에서 연금 개혁이 성공한 가장 큰 원인이 제도적 요인인지는 좀 더 탐구할 필요가 있다. 다음 장에서는 당시의 구체적 정치과정을 살펴봄으로써 이런 시각의 한계를 논할 것이다.

입법 과정[6]

이제 좀 더 구체적인 연금 개혁의 법안 통과 절차를 알아보자. 영국에서 연금은 국민보험 제도의 일부다. 국민보험의 기본적 틀과 관계된 입법은 의회의 1차 입법primary legislation에 의해 이루어지며, 이렇게 만들어진 법을 의회 법안Act of Parliament이라고 한다. 세부안은 정부의 2차 입법secondary legislation-statuary instrument에 의해 이루어진다.

1차 입법 과정은 '1독회 → 2독회 → 위원회 단계 → 보고서 단계 → 3독회 → 의결'의 과정을 거친다. 상술하면, 먼저 정부에 의해 법안bill이 상하 양원 중 하나에 제출되고 1독회가 이루어진다. 다음으로 세부안을 검토하기 위한 2독회가 이루어진다. 상임위원회의 검토가 이루진 뒤 보고서가 다시 상하 양원에 제출되면 상하 양원에 의해 3독회가 이루어진다. 법안의 수정은 1, 2독회를 제외한 어느 단계에서나 이루어질 수 있

6_이 부분은 Davies(2000, 13-14)에 의존했다.

고 그럴 경우 전 과정이 다른 원에서 되풀이된다. 즉 상하 양원 중 법안을 제출하지 않은 쪽에서 수정을 가하게 되면 이 수정안은 원래 법안을 제출했던 원의 동의를 얻는 절차를 밟아야 한다. 마침내 양원이 동의할 경우 통과되어 의회 법안이 된다.

2차 입법은 이렇게 만들어진 의회 법안에 행정부가 각종 세부 사항을 덧붙이는 과정이다. 행정부가 법정 규제 조항statuary regulations들을 양원에 제출하는데, 이 조항들은 의회 법안의 틀 내에서 이루어진 것이 때문에 대개 양원은 반대 결의를 하지 않는다. 그리고 그럴 경우 이 법정 규제 조항들은 일정 시간 내에 자동적으로 입법이 된다. 예외적으로 중요 법안들의 경우에는 이 2차 입법들도 재가결이 필요하다.

이런 영국 입법 과정의 특징은 입법의 내용과 시간적 흐름이 철저히 정부에 의해 통제된다는 것이다.[7] 보통 정부는 입법 초안을 발표하기 전 백서White Paper를 출판하고 정부는 이 안을 바꾸는 경우가 거의 없다. 중요한 연금 개혁의 경우에는 백서에 앞서 녹서Green Paper를 출간하고 여러 선택지를 제시한 후 이를 통해 법안에 대한 의견을 수렴하는 경우도 드물지 않다.

그렇다면 연금 개혁의 경우 법안 처리 과정이 어떻게 되는지 좀 더 자세히 살펴보자. 영국에서는 정부가 연금제도의 개혁을 검토할 수 있는 유일한 공식적 기구다. 연금의 주무 부처는 1986년 연금 개혁이 진행되었던 대처 정부 2기에는 보건사회보장부DHSS였고, 1997년 블레어

7_의원 개인의 개별적 발의는 성공 가능성이 거의 없다고 한다.

정부 출범 이후로는 노동연금부DWP가 되었다.[8] 정치적 수준에서 이 부처를 대표하는 우두머리는 장관Secretary of State for Health and Social Security/ Secretary of State for Work and Pension이며 보통 그 밑에 연금을 책임지는 국무상Minister of State이 존재한다.[9]

정부 주무 부처(DHSS/DWP) 외에 연금 개혁과 관련된 중요한 공식적 기구로는 정부계리처GAD, 하원사회보장위원회, 사회보장자문위원회SSAC 등 정부가 구성하는 자문위원회 등을 들 수 있다.

정부계리처는 국민보험의 수지 균형을 계산하고 예측하는 정부 내의 독립적 조직으로서 국민보험의 보험 수리적 사안에 대해 조언을 한다. 이 조언은 정치적·정책적인 것이기보다는 기술적인technical 것이다. 정부계리처는 5년마다 국민보험 재정에 대한 장기 전망과 리뷰를 담당하고 있는데, 어떤 변화가 필요한가에 대해 제안을 하는 것은 아니며, 현 제도하에서 혹은 정부에 의해 제안된 변화가 실행될 경우 재정 상황

8_제2차 세계대전 이후 1968년까지 영국 내각에서 사회보장 관련 업무는 연금·국민보험부 (Ministry of Pensions and National Insurance)에, 그리고 보건 관련 업무는 보건부 (Ministry of Health)에 맡겨져 있었다. 1968년 이 두 부처는 보건사회보장부(Department of Health and Social Security)로 통합되었다. 1988년, 다시 이 부처는 사회보장부 (Department of Social Security)와 보건부(Department of Health)로 쪼개졌다. 2001년 블레어 정부는 교육고용부의 고용 업무를 사회보장부에 이관하면서 사회보장부의 이름을 노동연금부(Department for Work and Pensions)로 바꾸었다.

9_영국의 각 정부 부처에는 장관(secretary of state)이 있고 그 밑에 보통 2~4명의 국무상 (minister of state), 또는 의회담당차관(parliamentary under-secretary)이 존재한다. 국무상과 의회담당차관은 동급이나 서열상으로는 국무상이 우위다. 2014년 현재, 노동연금부에는 세 명의 국무상(연금 및 아동 관련 급여 담당, 고용 담당, 그리고 장애인 담당)과 한 명의 의회담당차관(복지개혁 담당)이 있다.

이 어떻게 될지에 대한 '사실 보고'를 한다. 하원사회보장위원회는 의석 비례에 따라 여러 당의 대표들(주로 선수選數가 적은 소장파 의원들)로 구성 된다. 위원장은 보통 야당 쪽에서 맡으며, 위원회 보고서를 발행할 수 있으나 정부가 이를 반드시 고려해야 할 의무는 없다.

비록 연금 정책의 검토를 위한 공식적 구조가 존재하긴 하지만, 정 책의 검토는 실제로는 공식적 기구보다는 정부가 만드는 특별위원회에 의해ad hoc base 이루어진다. 정부는 개혁안에 대한 검토가 언제 어떻게 이루어져야 할지 스스로 결정하며, 일단 이 결정이 이루어지면 스스로 안을 만들든지, 개혁안을 만들어 낼 일련의 전문가 집단을 임명한다.

1986년 연금 개혁 시에는 '각계의 의견 수렴을 위해' 여러 사회집단 들의 대표로 사회보장자문위원회를 구성했다. 사회보장자문위원회는 장관이 임명하는 의장과 노사 대표, 즉 영국산업연맹CBI과 영국노동조 합회의TUC 대표 한 명씩, 북아일랜드 대표, 만성 장애나 질환자들의 대 표, 웨일스와 스코틀랜드 대표, 소수민족 대표, 학자, 법률가, 전직 관료 등의 전문가들 등으로 구성되었다. 사회보장자문위원회는 광범위한 이 슈를 검토한 후 보고서를 제출했다. 이 위원회의 활동은 대체로 정부안 에 반응적으로 자문을 제공하는 것이며 스스로 의제를 설정하고 주도 하지 않는다. 보건사회보장부는 대체로 법안 발전의 과정들에 사회보 장자문위원회 같은 자문위원회를 참여시키지만, 사전 협의 없이 중요 한 변경을 가하기도 하며, 위원회 활동의 결과로 중요한 변화가 이루어 지는 경우는 거의 없다고 알려져 있다.

1999년의 경우 정부는 금융기관·학계·노사 등 시민사회 대표로 연 금 대비 그룹Pension Provision Group이라는 자문 집단을 구성했는데, 이 그 룹은 연금의 현 상태와 미래 예측치를 보고했을 뿐 구체적인 정책 제안을 하지는 않았다. 자문 그룹이 다룰 의제, 시간 일정, 계약 조건은 모두 정부에 의해 일방적으로 결정된다. 2002년에는 신노동당 2차 개혁을 준비하기 위해 연금위원회가 만들어졌다. 이 연금위원회는 비록 세 명으로 구성되었으나, 그 이전의 위원회들에 비해 실질적으로 강력한 영향력을 행사했다. 하지만 이 역시 당시 블레어 정부가 강한 의지를 가지고 권한을 위임했기에 가능한 것이었다.

연금 개혁을 위한 검토의 시작 여부, 범위, 일정 등도 전적으로 정부의 손에 달려 있다. 대개 정부가 선거 강령에서 밝혔던 개혁안을 발전시켜 나가는 방식으로 개혁이 진행되지만 그렇지 않은 경우도 있다. 1959년, 1964년, 1970년, 1974년은 선거 강령에서 연금 개혁을 공약하고 선거가 끝난 뒤 공약에 따라 개혁이 시도되었다. 1983년, 1994년은 선거 강령에는 없었으나 연금 개혁이 시도된 경우다. 기본적으로 정부 내 부서의 조정, 협력의 과정, 그리고 외부의 집단에 자문을 구하는 것은 정부 담당 부서의 의사에 의해 결정한다. 또한 제안된 개혁안이 입법화되면 이를 수행하기 위한 구체적 후속 결정 역시 전적으로 정부의 손에 달려 있다.

정부 밖의 중요한 행위자들로는 연금 산업, 고용주 조직과 노조, 연금 수급자 조직, 연구자들과 정책 연구소들think tanks 등이 있으나 이 행위자들은 한정된 역할만을 수행한다. 정부는 보통 외부 전문가들의 광범위한 의견을 듣는 것이 도움이 된다고 생각하지만, 입법 과정을 개방하고 자문을 구할 의무는 없다. 이런 의미에서 이해관계자들에게 광범위한 자문을 구하고, 숙의적 국민 협의를 진행한 신노동당 2차 개혁은 매우 예외적인 사례라고 할 수 있다.

요컨대 영국 연금 개혁의 공식적인 절차적 과정에서 정부는 지배적인 결정의 권한을 가지고 있다고 할 수 있다.[10] 개혁을 위한 합의를 만들어 내고 욕구와 자원 간의 균형을 달성하는 것은 별로 중요하지 않으며, 의회에서 다수를 차지하면 정부 입장에서는 정부안에 대한 모종의 합의를 만들어 낼 필요가 없게 된다. 이렇게 집권 정당이 오래 지속될 만한 합의를 만들어 내야 할 유인이 없는 정치과정의 특성은, 사회적 파트너들이 항상 갈등적 목표를 채택하는 대결적 정치를 제도화했고, 이는 연금 개혁에서도 그대로 나타났다. 대체로 노조는 노동당, 고용주 조직은 보수당과 입장을 함께 하면서 연금 정치를 적대적인 것으로 만들었다. 그리고 이런 연금 정치에서의 적대성은 제2차 세계대전 이후 보수-노동당이 케인스주의적 경제정책에 대한 합의를 지렛대로 구가하던 버츠컬리즘butskellism[11]의 시기조차도 예외가 아니었다.

　이런 합의에 기초하지 않는 연금 정치는, 연금처럼 장기적인 시각에서 정책 결정이 필요하고 안정적으로 운영되어야 할 제도를 매우 불안정한 것으로 만들었다. 특히 버츠컬리즘적 합의가 깨어지기 시작한 1970년대 이후에는 이런 현상이 더욱 두드러졌다. 1970년부터 1985년

10_브린 데이비스는 이런 정부의 일방적 중요성에 비해 정부 내의 정책 작성 과정은 꼭 투명하지도 민주적이지도 않았다고 쓰고 있다. 즉 누가 정부안에 자신의 견해를 집어넣는 데 성공하고, 누가 그렇지 못했는가가 불분명하다는 것이다. 다만, 자료에 대한 신뢰는, 이런 적대 정치 속에서도 늘 존재했다고 하는데(Davies 2000, 24), 이 역시 야당을 비롯한 반대파를 승복시키는 중요한 힘이었을 것이라고 추정할 수 있다.

11_1950년대 초 영국의 시사 주간지 『이코노미스트』(The Economist)는 전후 보수당과 노동당의 정책적 합의의 기조를 '버츠컬리즘'이라고 명명한 바 있다. 이는 보수당 정부의 재무부장관이었던 랍 버틀러(Rab Butler)와 그의 그림자 내각의 상대역이었던 노동당의 휴 게이츠컬(Hugh Gaitskell)의 이름을 합성한 것이었다.

까지 보수당과 노동당, 양대 정당은 연금 문제를 둘러싸고 갈등하면서 집권 시 전임 정부의 연금 개혁안을 폐기했다. 1966년의 노동당안은 1970년 보수당이 폐기했고, 1970년 보수당안은 1974년 노동당이 정부에 복귀하면서 폐기했다. 1975년 양당은 가까스로 합의에 도달했으나 이는 다시 1983년 보수당 정부에 의해 폐기되었다. 1986년 개혁 이후로는 보수당의 장기 집권, 그리고 노동당이 제3의 길로 선회한 데 따른 정책적 입장 수렴으로 인해 연금제도가 크게 뒤바뀔 가능성은 줄었으나, 급진적 개혁의 후유증은 계속해서 연금제도의 안정화를 이루지 못하게 하는 요인이 되었다.

| 제4장 |

보수당 정부하 연금 개혁의 정치

1986년 대처 정부의 연금 개혁은 현재까지 지속되고 있는 영국 연금 개혁의 역사에서 가장 중요한 분수령이 되는 개혁이다. 대처 정부는 강력한 정치적 의지를 가지고 공적연금의 잔여화와 노후소득보장의 민간화를 추진하고자 했다. 1986년 개혁은 바로 그 물꼬를 텄으며, 이후 지속적인 개혁의 결과 마침내 이 최초의 목표가 달성되었다. 공-사 연금 간의 균형이 뒤바뀐 것이다. 1986년 개혁은 또한 연금 정치 자체를 재구조화한 개혁이라는 점에서도 중요한 의미를 갖는다. 1986년 개혁은 공적연금에 이해관계를 갖는 세력을 약화시킨 반면, 민간연금에 이해관계를 갖는 세력들을 창출하고 강화했다. 그리고 이런 이해관계의 변화는 향후 연금 정치에 심대한 영향을 미쳤다.

그러나 이런 개혁이 미친 넓고 깊은 파장과 달리, 당시 영국의 연금 재정 전망은 다른 나라에 비해서 훨씬 양호한 편이었다. 또한 삭감 개혁의 필요성에 대한 합의는커녕 논의조차 제대로 이루어지지 않은 상태였다. 게다가 타국에서의 격렬한 저항과 달리 영국에서의 공적연금 개혁은 적어도 처음에는 매우 인기 있는 것이었다. 그렇다면 대처 정부는 왜 이런 변화를 원했는가? 이런 변화는 어떻게, 무엇을 동력으로 가능했는가? 그리고 이런 변화가 노후보장에 가져온 결과는 어떤 것이었는가?

1. 대처 정부와 신자유주의적 복지국가 재편

1986년 연금 개혁을 이해하기 위해서는 당시 대처 정부가 영국의 복지국가 전반에 가했던 신자유주의적 공격과 재편의 흐름을 이해해야 한다. 영국 경제의 세계적 지위는 19세기 중반 절정에 달한 이래 '100년 동안의 쇠퇴의 길'을 걸어왔다. 조락의 징후가 뚜렷해진 1960년대 중반 이후 보수당과 노동당은 각각 좌우의 관점에서 상이한 처방들을 제시했고, 일부는 정책에 옮겨지기도 했다. 그러나 여러 걸림돌로 인해 어느 쪽도 국민경제의 전반적 대수술로 나아가지는 못했다.

이런 상황에서 1970년대 초 석유파동과 함께 세계경제가 전반적인 불황에 접어들자, 취약한 구조를 안고 있던 영국 경제는 걷잡을 수 없는 위기 국면에 빠져들었다. 경쟁국들보다 훨씬 더 성장률이 떨어지고 국제수지는 악화되었으며, 인플레와 실업률은 치솟는 가운데, 마침내 1976년에는 국제통화기금IMF 차관을 신청할 정도의 외환 위기까지 진행되었다. 경제 위기는 사회적 위기로 확대되었다. 노동당은 1974년 집권 직전 임금 억제와 복지를 맞교환하는 사회 협약social contract[1]을 노조와 체결했으나, 긴축을 조건으로 IMF 차관을 공여 받은 후 이 사회 협약을 깰 수밖에 없었다. 이에 노조는 대규모 파업으로 대응했고, 이 와중에서 정부의 경제관리 능력에 대한 국민들의 불안과 불만이 점차 고조되었다. 이런 상황은 다시 정치권의 위기로 비화되어, 보수·노동 양당 내부에 전후 타협 체제를 부정하고 정치경제 질서의 근본적인 재편을 주장하는 극좌, 극우의 부상을 가져왔다.[2]

1979년 '불만의 겨울'winter of discontent로 정점에 달한, 이와 같은 정치경제 질서의 전반적 동요의 와중에서 권력을 장악한 대처 정부는 집권 직후 두 가지 중요한 과제에 당면했다. 하나는 영국 경제의 상대적 쇠퇴 경향을 반전시킬 전반적 구조조정restructuring이었다. 대처는 1970년대 경제 위기의 와중에서 더욱 악화된 영국 경제의 구조적 결함을 치유하고, 변화된 국제경제 질서에 맞게 혁신해 회생시켜야 했다. 대처 정부의 해결책은 케인스주의와의 결별과 신자유주의로의 선회였다. 그러나 이렇게 작은 국가로 회귀하기 위해서는 먼저 전후 영국 사회 전반에 깊숙이 뿌리내린 케인스주의적 복지국가의 이념들, 이를 구현하고 있는 여러 제도들을 제거해야 했고, 이에 이해관계를 가지고 있는 집단들의 반발을 효과적으로 제압해야만 했다. 이것이 바로 대처 정부가 당면한 두 번째 과제였다.

1_노동당이 노조와 맺은 사회 협약의 내용은 노조가 자발적으로 임금 억제에 협조하는 대신 노동당이 집권하면 전임 보수당 정부가 제정한 노사 관계법을 폐지하고 각종 복지 혜택을 확대하겠다는 것이었다(Holmes 1985, 5-6).

2_자세한 것은 김영순(1996, 132-133; 145-149)을 참고하라.

『자유경제와 강한 국가』*The free economy and the strong state*는 바로 이런 두 가지 과제에 대한 대처 정부의 전략적 해결책을 집약해 보여 준다 (Gamble 1988). 경쟁력 회복을 위한 경제 구조조정의 구체적 방법은 여러 가지가 있을 수 있다. 그러나 대처가 정치적으로 선택한 것은 가장 급진적인 방법, 즉 전후 케인스주의적 복지국가에 대한 근본적인 부정과 작은 국가로의 회귀였고('자유경제'), 나아가 케인스주의적 복지국가의 이념을 내장한 모든 제도와 관행을 뿌리 뽑는 것이었다('강한 국가'). 이런 의미에서 단호하고도 집요하게 추진된 대처의 신자유주의적 정책들은 하나의 '혁명'thatcher revolution ─ 혹은 '집산주의에 대한 반혁명' counter revolution against collectivism ─ 이라 할 만했다(Rowthorn 1989, 282-4).

이것이 바로 대처 정부가 협의의 복지 재편에 머무르지 않고 좀 더 근본적인 복지국가의 재편으로 나아갔던 이유였다. 신자유주의자들에게 문제가 되었던 것은 협의의 복지 공여 그 자체가 아니라 복지국가를 떠받치기 위한 국가 개입의 지주들 모두였던 것이다. 개혁은 공급 중시 경제학supply-side economics과 통화주의에 입각해 노사 관계와 조세정책, 노동시장 정책 모두를 재편하는 광범위한 것이 되지 않을 수 없었다.

복지 정책들의 경우 대처 정부는 전후 시대를 지배해 왔던 베버리지적 복지 원칙을 공격하고 이를 신자유주의적으로 변용한 빅토리아적 가치로 대체하고자 했다. 전 국민의 복지에 대한 국가 책임이라는 원칙은 개인 책임과 자조의 원칙에 의해, 보편주의적 원칙은 선별주의의 강화에 의해, 전 국민의 최소한의 생활 유지라는 가치는 열등처우의 원칙에 의해 약화 혹은 훼손되었다.

이는 결국 제2차 세계대전 이후 영국 사회를 지배했던 보편적 복지국가를 통한 '하나의 국민'one nation의 형성이라는 사고에 정면으로 도전하는 것이었다. 밥 제숍에 따르면 케인스주의적 복지국가는 완전고용과 보편적 복지 혜택을 통해 하층 노동자계급과 비생산적 인구(노인·장애인·실업자)까지도 하나의 국민으로 포섭해 들이는 '한 국민 헤게모니 전략'이었다. 반면, 대처리즘은 이렇게 만들어진 한 국민을 다시 생산적 부분과 비생산적 부분으로 나누고, 전자에게는 가능한 한 시장 의존을 고취하며, 후자에게는 무능하고 기생적인 사람이라는 낙인과 더불어 국가 의존을 허용하는 '두 국민 헤게모니 전략'two-nation hegemonic project 이었다(Jessop et al. 1988, 87-90; 129-133).

대처 정부의 복지 삭감 계획은 의도대로 진행되지는 않았다. 유권자들이 여전히 복지국가의 유지를 바라고 있다는 것, 따라서 과격한 복지 삭감은 다음 선거에서 재앙이 되리라는 것이 그 이유였다.[3] 결국 대처 정부는 급격한 복지 삭감 대신 손쉬운 부분부터 쳐나가는 "마멸 전략" attrition strategy(Mishra 1990, 105)을 택하게 된다. 이 마멸 전략의 핵심은 중간계급 역시 중요한 수혜자인, 따라서 강한 대중적 지지를 받고 있는 프로그램은 크게 삭감하지 않되, 노동자계급의 하층만이 주 수혜자가 되는, 따라서 대중적 지지가 약하고 정치적 부담이 적은 선별적 프로그램들을 손보는 것이었다. 그 결과 보편적 프로그램인 국민건강서비스

3_1979년 선거가 끝난 뒤 정부의 위임을 받은 한 특별위원회는 교육에 바우처(voucher) 제도를 도입하고 국민건강서비스(NHS)를 민영화하는 등 매우 급진적인 대안들을 담고 있는 복지 개혁안을 작성했다. 그러나 이에 대해서는 내각에서부터 '반란'에 가까운 반응(cabinet riot)을 보였다. 내각 내 온건파들은 다음 선거에 미칠 영향을 고려해 "산타클로스를 쏘아 버릴 수는 없다"고 반발했고 보고서는 없던 일이 되어 버렸다(김영순 1996, 196-7; 252-4).

NHS, 그리고 교육 프로그램은 큰 변화 없이 그 골격이 유지된 반면, 선별적 프로그램인 보충급여와 실업급여, 주택수당 등은 여러 가지 방법으로 삭감되었고, 노동 유인의 강화를 주목적으로 하는 강력한 수급권 통제가 이루어졌다. 즉 대처 정부는 각개격파라는 방법을 통해 약한 부분부터 공격하는 방법을 채택했던 것이다. 연금의 경우는 처음에는 완전 민영화를 시도했다가 반발에 부딪히자 점진적 민영화를 통한 '마멸'을 택한 매우 특수한 사례라고 할 수 있다.[4]

어쨌든 대처 정부의 복지 개혁은 국가에 의한 국민 모두의 기초 생활의 유지와 연대적 공동체 형성이라는 제2차 세계대전 이래 복지국가의 대원칙을 부정하고 그 자리에 자유경쟁과 개인 책임, 선별주의의 논리를 채워 넣은 복지국가의 새로운 단계를 의미했던 것이다.[5] 이것이 바로 대처 정부 시기 연금 개혁이 놓인 영국의 사회경제적·정치적 맥락이었다.

4_필자는 졸저, 『복지국가의 위기와 재편』(서울대학교출판부, 1996)에서 연금은 중간층의 반발로 크게 손상되지 않은 프로그램으로 분류했었다. 그러나 현재의 시점에서 되돌아보면, 이후 오랜 세월에 걸친 영향과 경로 변경 효과를 고려할 때 연금 역시 큰 변화가 일어난 프로그램으로 분류해야 할 것으로 보인다.

5_토니 노박에 따르면 대처의 복지 재편은 1830년대의 〈구빈법〉 개혁, 제1차 세계대전 직전의 자유주의적 사회 개혁, 그리고 제2차 세계대전 이후의 베버리지 개혁에 비견되는 역사적 사건이었다(Novak 1988, 176).

2. 연금 개혁의 과정

이제 대처 정부에서 연금 개혁이 어떻게 의제로 떠올랐는지 좀 더 자세히 살펴보도록 하자. 대처리즘의 복지 원칙에 입각할 때 당시 영국의 연금제도는 여러 가지 문제점을 안고 있었다. 첫째, 국가는 최소한의 보장만을 담당해야 하며 나머지는 개인 스스로 꾸려 갈 책임과 자유를 갖는다는 관점에서 볼 때, 국가가 2층 연금을 도입하고 이를 의무화한 것(SERPS)은 그 자체로 문제가 많은 것이었다. 국가에 의한 최소한의 보장은 기초연금으로 충분했으며, 기초연금 급여 수준 역시 높을 필요가 없었다. 의무적인 국가 2층 연금 제도는 개인의 경제적 자유에 대한 침해였다. 또한 이런 부과 방식의 연금은, 미래 세대에 현 세대의 노후보장 문제를 떠넘기는, 도덕적으로 무책임한 처사였다. 게다가 곧 1950~60년대에 태어난 베이비붐 세대들이 대거 노년으로 진입하면서 엄청난 연금 지출이 필요할 것으로 예상되고 있기 때문에 SERPS는 후세대에 대한 착취였다. 정부가 연금 개혁을 시작하면서 출간한 다음과 같은 녹서의 선언은 이런 이념적 입장의 표현이었다. "노후보장을 위한 모든 재원 조달 부담을 우리 후세대에게 넘겨서는 안 된다. 모든 국민이 스스로 저축해 추가적 연금에 투자할 수 있도록 해야 한다"(Secretary of State for Social Service 1985a, 4).

둘째, 연금 비용이 국가재정에 가하는 부담도 문제였다. 개인 책임을 고무하고 작은 정부를 구현하기 위해서는 재정지출을 획기적으로 줄여야 했다. 그리고 재정지출을 감소하기 위해서는 재정지출의 반 이상을 차지하는 사회보장 지출을 감소해야 했고, 그러기 위해서는 다시 사회보장 지출의 반 이상을 차지하는 연금 지출을 줄여야 했다.

장기적으로 볼 때도 연금은 국가재정에 큰 부담이 될 것으로 전망되었다. 영국의 노령 인구 의존 비율old age dependency ratio은 1950년 16%에서 1980년 23.1%로 증대했다. 연금 지출은 SERPS가 도입되기 이전 국민보험 체계 내의 노령연금, 즉 기초연금만으로도 이미 전체 사회보장 급여액의 반이 넘는 액수를 차지하고 있었다.[6] 여기에 SERPS의 적용을 받는 퇴직자가 본격적으로 배출되기 시작되는 2000년 이후에는 SERPS 지출이 국가재정에 커다란 부담이 될 것이라는 전망 보고가 나왔다. 1990년대 초 기초연금의 17분의 1 정도에 불과할 SERPS는 2013년쯤부터 급속히 증대해 2033년 이후에는 기초연금을 초과하는 것은 물론 이것만으로도 총 사회보장 지출의 약 절반가량이나 차지할 것으로 보였던 것이다(이 책 91쪽의 〈표 4-1〉 참조). 이런 수치들을 근거로, 대처 정부는 '시한폭탄'이라는 표현을 동원하면서 연금 개혁의 절박함을 주장했다.

셋째, 당시 직업연금 제도가 대처 정부가 추진하고자 했던 노동의 유연화에 잘 부합되지 않는다는 것도 문제였다. SERPS가 아직 성숙하지 않은 상태에서 2층 연금의 중요한 부분을 차지하고 있던 것은 직업연금이었다. 그런데 직업연금은 중도에 직장을 그만두거나 이직하는 사람들에게 많은 불이익을 가했다. 그리고 이는 피용자들이 직장을 옮기는 것을 꺼리고 해고에 저항하는 이유가 되었다. 이 직업연금 중도 탈퇴자 문제를 해결하는 방법은 현 직업연금 체제에서 아무런 손해 없이 누적된 수급권을 새 직장으로 옮겨갈 수 있도록 하는 것, 혹은 직업연금

6_1950년 9억6,700만 파운드였던 노령연금 급여액은 1975년에는 44억7,700만 파운드에 달했다(Parry 1986, 395).

대신 이직해도 아무 문제가 없는 개인연금에 가입하도록 활성화하는 것 두 가지가 있었다(Nesbitt 1995, 122). 그중 대처 정부가 원했던 근본적 대안은 개인연금의 활성화였다. 개인연금의 활성화는 당면한 중도 탈퇴자 문제의 해결 외에도 다음 두 가지의 좀 더 근본적인 의미를 가지고 있었다.

첫째, 당시 대부분의 직업연금이 취하고 있던 확정급여 방식 역시 금융시장의 변동성이 점점 커져 가는 상황에서 부담스런 요소였다. 개인연금은 이런 문제로부터 자유로울 수 있었다. 둘째, 장기적으로 볼 때 집단적 가입 구조를 가지고 있는 직업연금은 끊임없는 노조의 간섭으로부터 자유로울 수 없었다. 사회를 개인의 합습에 불과하며, 임금이든 연금이든 개인과 개인의 자유계약에 따라야 한다고 보았던 대처 정부의 입장에서 이런 조직화된 힘을 사용하는 노조의 간섭은 시장 원리와 민주주의 원리에 어긋나는 것이었다.

이것들이 바로 대처 정부가 중도 탈퇴자 문제에 대한 일차적 해법으로 연금의 이동성portability 보장 장치를 마련하고도,[7] 이동성 보장 규정이 아예 따로 필요 없는 개인연금의 확대를 추진하고자 했던 이유였다.

연금에 대한 대처 정부의 이 같은 구상을 실현하기 위해서는 대규모 구조 개혁이 필요했다고 할 수 있다. 그러나 대처 정부의 첫 번째 조치는 이보다는 훨씬 온건한 것, 즉 사회보장 급여 산정 방식을 개정함으로

7_1985년 〈사회보장법〉은 직업연금 가입자에게 이전 가치(transfer value)에 대한 권리를 부여하도록 했다. 즉 누적된 연금 기여금은 이직 시 이전될 수 있으며 이전될 수 있는 총액은 수시로 가입자인 피용자에게 공개되어야 했다(Bonoli 2000, 70).

써 연금을 비롯한 사회보장 지출을 억제하는 지수 조정 개혁이었다. 대처 정부는 1980년 〈사회보장법〉을 개정해 연금을 비롯한 사회보장 급여를 소득이 아닌 물가에 연동해 산정하도록 했다. 이 조치는 기초연금뿐만 아니라 실업, 질병, 유족 급여 등의 단기급여 역시 5%p 정도 삭감하는 효과를 가져왔다. 연금의 경우 장기적으로 볼 때 1979년 평균 소득의 23.2%였던 기초연금액(독신 노인 기준)을 1998년에 이르면 16%가 될 정도로 감소시킬 것으로 예상되었다(Bradshaw 1985, 231-232; Robinson 1986, 16). 물가보다 소득이 빨리 상승하는 가운데 연금 소득의 상대적 수준은 점점 더 하락할 것이기 때문이다. 이는 노년 빈곤을 완화하려던 1975년 개혁을 다시 뒤집는 것이었다. 또한 '국민 최저선' 보장이라는 베버리지의 자유주의적 이상으로부터도 점점 멀어져 간다는 것을 의미했다.

1980년 〈사회보장법〉 개정은 해당 수급자들을 곤경에 빠뜨렸으나 그 자체로서 재정지출의 획기적 감소라는, 나아가 국가 의존이 아니라 자조와 자립이 우선이어야 한다는 대처 정부의 복지국가 개혁의 목표에는 턱없이 미달하는 것이었다. 연금의 경우 개별 수급자의 급여율 감소에도 불구하고 총 연금 지출은 대처의 첫 집권기(1979~83년) 동안 20억 파운드(1987년 불변가격)가 증가했다. 게다가 실업이 폭발적으로 늘면서 빈곤 인구가 증가해 같은 기간 총 사회보장 지출은 20%나 늘었다.

작은 정부의 실현이라는 의도와 달리 사회보장 지출이 지속적으로 증가하자 대처 정부는 사회보장제도에 대한 좀 더 포괄적이고 근본적인 재편을 구상하게 된다. 1983년 선거 강령에서 보수당은 "개인연금에 상당한 세제 혜택을 부여하고, 직업연금 가입자가 직업연금 외에 다른 연금에 자발적으로 추가 가입을 할 수 있도록 하는 조치를 도입해야 한다"고 명시했다(Bonoli 2000, 68). 이는 정부가 또 다른 연금 개혁을 준비할 것임을 예고하는 것이었다.

집권 후 보수당 정부는 사회보장부의 주도하에 연금 개혁과 관련된 사항을 검토해 나갔다. 집중적 검토 사항이 된 쟁점들은 첫째, 연금의 장기적 비용 문제, 둘째, 직업연금의 이동성 문제, 셋째, SERPS의 개혁과 그 대안으로서 개인연금의 도입 문제였다. 마침내 1983년 보건사회보장부 장관 노먼 파울러Norman Powler는 보건사회보장부로 하여금 연금 개혁 초안을 작성하게 했다. 그리고 각계의 대표 열두 명으로 '노후소득보장조사위원회'를 구성했다. 위원장은 파울러 자신이 맡았는데 이는 정부가 얼마나 연금 개혁을 중요한 사안으로 생각하고 있는지를 보여주는 상징으로 비쳤다.

이듬해에는 연금 외의 사회보장제도를 검토할 네 개의 위원회가 더 구성되었다. 그리고 이 위원회들에 위임해 베버리지 개혁 이후 가장 근본적인 사회보장제도 개혁이라 불리는 이른바 '파울러 개혁안'을 마련했다. 파울러 개혁안에서 가장 중요한 개혁 대상으로 지목된 것은 보충급여와 연금이었는데, 연금에서는 특히 2000년대 이후 엄청나게 불어날 SERPS가 개혁의 초점이었다. 파울러 개혁안은 1985년 6월 "사회보장 개혁"The Reform of Social Security이라는 녹서로 출판된 뒤, 여론 수렴 과정을 거쳐 같은 해 12월 다시 백서로 출판되었다.

한편 녹서와 더불어 다른 두 개의 자료도 발간되었다. 하나는 공적연금의 현재 및 향후 소요 비용에 대한 데이터와, 연금 수급자의 생활수준에 대한 통계를 담은 배경 보고서background paper이고, 다른 하나는 연금 정책에 대한 정부의 전반적 목표를 제시한 협의 보고서consultative paper였다. 후자에는 근로자들이 개인연금에 가입할 권리, 기여금에 의한 공적연금의 외부 대체 기준(확정급여형 외부 대체 제도를 위한 보장최저연금GMP 의무 등), 직업연금의 인구학적 불안정화 방지를 위한 조치들, 그리고 고용주에게 국민보험의 리베이트를 초과해 개인연금에 기여하도록 요구하지 않는다는 조항 등 새 제도의 주요 내용들이 들어 있었다(Bonoli 2000, 66-67).

노후소득보장조사위원회는 최종 보고서를 만들어 내지는 않았는데, 1985년 발간된 녹서를 보통 그 결과물로 간주한다. 녹서의 주요한 내용은 다음과 같았다. ① 이미 퇴직 연령이 가까워진 남성 50세 이상, 여성 45세 이상의 연령층에는 기존의 SERPS를 그대로 적용하되, 그 이하의 연령층에는 SERPS를 폐지하고 이를 기업연금이나 개인 보험으로 대체한다. ② 민간연금의 활성화를 위해 은행 등 각종 금융기관의 연금 시장 참여를 허용하고 직업연금에 대한 각종 규제를 완화 혹은 해제한다(Secretary of State for Social Service 1985a. Vol. II., 5). 이와 같은 SERPS의 폐지와 2층 연금의 민영화는 어렵게 성사된 1975년 개혁(실행은 1979년부터)을 정면으로 뒤집는 것으로서 노후보장을 각자의 시장 능력에 맞게 해결하게 하려는 시도였다.

녹서에 담긴 구상에 대한 여론의 반대는 격렬했다. 아래에 더 자세히 나오듯이, 노동당이나 노동조합총연맹은 물론 보수당 내부, 그리고 고용주총연맹에서도 SERPS의 폐지를 비판하는 목소리가 터져 나왔다. 결국 정부는 녹서의 안에서 상당히 후퇴한 안을 백서에 담아 내놓았다.

그리고 백서의 안들은 모두 1986년 〈사회보장법〉에 반영되었다. 그 중요한 내용은 다음과 같다. ① SERPS를 존속시키되, SERPS의 급여 산정 기준을 기존의 '최고 소득을 올린 20년간의 평균 소득'에서 '전 기간 평균 소득'으로 수정하고,[8] ② 급여율을 소득의 25%에서 20%로 낮추며, ③ 배우자 사망 시 유족 급여와 자신의 연금을 모두 수령하는 것이 아니라 배우자의 몫은 50%만 수령할 수 있게 한다. ④ 적격 개인연금Appropriate Personal Pension과 완전 적립식 직업연금을 도입해 기존의 직업연금과 더불어 SERPS의 외부 대체로 인정한다(Secretary of State for Social Service 1985b, 12-14).

SERPS의 급여율 하락은 그 자체만으로도 SERPS의 매력을 떨어뜨리는 것이었으나, 정부는 이에 그치지 않고 여러 가지 금전적 인센티브를 통해 직업연금과 개인연금을 더욱 경쟁력을 가진 것으로 만들고자 했다. 1986년 〈사회보장법〉은 확정기여형 직업연금을 장려하기 위해 신규로 SERPS를 대체할 확정기여형 직업연금에 가입하는 경우 기여금의 2%를 조세 환급금tax rebate 형태로 삭감해 주었다. 또한 고용주들이 확정기여형 직업연금을 택하기 쉽도록 외부 대체 기준도 새롭게 명시했다. 이로써 보장최저연금GMP 의무 때문에 직업연금 운용이 어려웠던 소규모 기업가도 직업연금 설치가 가능해졌다. 또한 SERPS의 급여가 삭감됨에 따라 SERPS가 지급하는 최소 수준으로 설정된 GMP 수준 역시 하락했다.[9]

한편 SERPS에서 빠져나와 적격 개인연금에 가입하는 사람들에게

8_결혼한 여성과 편부모 세대주 및 장애자들은 이 규정에서 제외되었다(Secretary of State for Social Service 1985b, 13).

9_기존의 직업연금에서 피용자가 이탈하는 것을 막으려는 고용주들의 요구를 받아들여 이직 시 연금 수급권 보존을 위한 최소 가입 기간은 5년에서 2년으로 줄어들었다. 또한 기여금 2% 지원 역시 신규로 외부 대체가 인정되게 된 확정기여형 직업연금에만 해당되도록 했다.

는 파격적인 혜택이 주어졌다. 이들은 국민보험 기여금 중 5.8%를 세금 환급 형태로 받을 수 있었다(2%는 피용자가 직접, 3.8%는 피용자의 고용주 기여분으로).[10] 여기에 개인연금 가입자에게는 1993년까지 일시적으로 추가 2%의 리베이트가 주어졌다. 이는 SERPS 가입자였다가 빠져나와 개인연금에 가입하려는 사람들에게만 주어졌다. 그렇지 않을 경우 SERPS로부터 직업연금으로 이탈할 우려가 있어 고용주들이 강력히 반대했기 때문이다. 또한 1993/94년부터 1996/97년까지는 30세 이상 가입자들에게, SERPS로 복귀하는 것을 막기 위해 1%의 추가 리베이트를 지급했다.

형식적으로 보면 1986년 이후 취업자들은 이제 2층 연금에는 의무적으로 가입해야 했으나 기존의 SERPS나 직업연금, 그리고 개인연금 중 어떤 연금에 들 것인지는 스스로 선택할 수 있게 되었다. 하지만 '2% 뇌물'이라 불렸던 국민보험 기여율 2% 할인의 위력은 실로 폭발적이었다. 첫 1년 동안에만 약 310만 명이 개인연금을 선택했고 이 숫자는 그 후 5년간 약 540만 명으로까지 늘어났다. 결국 1989년에 이르면 2층 연금에서 공-사 연금 간의 비중은 역전된다.

10_구체적인 작동 방식은, 실제로는 피용자나 고용주 모두 전액의 기여금을 내면 보건사회보장부가 피용자의 개인연금 계좌로 리베이트를 주는 형태를 띠었다.

3. 연금 개혁의 정치: 주요 행위자와 상호작용

그렇다면 이런 연금 개혁의 과정에서 주요 행위자들은 어떻게 움직였는가? 1986년 연금 개혁과 관련된 주요 이해 당사자는 정부의 각 부처, 야당인 노동당과 자유당, 사회민주당, 이익 단체로는 노사를 각각 대표하는 CBI와 TUC, 그리고 시민운동단체 등을 들 수 있다. 권력 융합형 정부 형태인 의원내각제를 채택하고 있는 영국에서 여당과 정부의 입장은 다르지 않다.

신제도주의적 문헌들은 정부의 일방적 정책 결정이 가능한 영국 같은 다수제 정치제도하에서 야당이나 정부 밖의 반대자들의 움직임은 큰 의미가 없으며, 정부의 일방성을 제한할 수 있는 것은 오직 차기 선거에서 실각 위협을 가할 정도의 대중적 반발이라고 주장한다. 실제로 영국 정부가 연금 개혁을 앞두고 구성한 노후소득보장조사위원회의 구성을 보면 이런 주장이 왜 나오는지를 알 수 있다.

놀랍게도 열두 명으로 구성된 이 이 위원회에는 사회보장부·재무부·무역산업부·고용부 등의 정부 관료들, 보험 산업 대표, 정부계리처 대표만이 포함되었을 뿐 야당 대표도 노사 대표도 포함되지 않았다. 위원장 파울러는 이 위원회의 목표를 여러 이해 당사자 집단들의 의견을 수렴해 합의를 창출하거나 새로운 아이디어를 내는 것이 아니라, 자신의 보수당 의원 동료들의 동의를 얻을 수 있을 만한 법안을 만들어 내는 것, 즉 의회 통과가 가능할 정도의 법안으로 만드는 것 정도로 잡았던 것이다(Nesbitt 1995, 69). 영국의 정책 결정 절차에서는 집권 다수당 내에서 합의가 형성되면 사실상 반대파가 이를 저지하기 쉽지 않기 때문이다.

결국 위원회는 2층 국가연금의 폐지를 핵심으로 하는 구조적 연금 개혁이라는 중대 사안을 다루었음에도 불구하고, 핵심 이해 당사자 가운데 정부와 근본적으로 견해가 다른 쪽은 아예 배제한 지극히 실무적인 구성을 하고 있었다. 정부 부처 중에서는 사회보장부가 연금의 주무 담당 부서라는 점에서, 재무부는 국가재정 및 경제정책의 총괄 부처라는 점에서, 무역산업부는 직업연금을 포함한 연금 체계가 기업 및 고용주들의 이해관계와 관련된 부서라는 점에서, 그리고 고용부는 피용자들의 고용 및 연금과의 관련성을 관장하는 부서라는 점에서 위원회에 대표를 파견했다. 정부계리처는 연금을 포함해 4대 국민보험의 수지 균형에 대한 광범위한 조사와 자문을 하는 정부 기구로 5년마다 국민보험 재정에 관한 장기 리뷰를 담당하는 실무 부서였다. 정부가 참여시킨 시민사회 쪽의 유일한 이해 당사자는 고용주 대표도, 노조 대표도 아닌 노년 빈곤추방운동단체인 노후협회Age Concern였다. 이렇게 구성된 위원회가 수행한 협의의 기간은 2개월 정도로 매우 짧았다. 그 결과 정부가 의견을 제대로 수렴하지 않는다는 비판이 압력 단체들과 언론으로부터 제기되었다(Nesbitt 1995, 71).

　　그렇다면 연금 개혁의 과정에서 각 행위자들은 구체적으로 어떻게 움직였는가? 정부 내에서 여러 부서가 위원회에 참여했지만, 실제로 연금 개혁과 관련된 정책 결정의 주역은 총리이자 보수당수인 대처, 연금 주무 부서인 사회보장부, 그리고 재무부였다고 할 수 있다. 정부계리처는 특정 입장을 가지고 정책 결정에 영향을 준다기보다는 인구나 연금 비용 전망치 등 객관적인 자료를 제공함으로써 정책 결정을 돕는 부서였다. 다른 부서들은 자신과 관련된 부분만 의견을 개진하는 정도였다.

　　결국 녹서로 정리된 정부안은 대처 총리와 그의 두터운 신임을 받는 보건사회보장부 장관 파울러의 합작품이었다고 할 수 있다. 두 사람은 노후보장에 있어 개인의 책임과 자유로운 선택이라는 신자유주의적 원칙을 공유하고 있었고 이런 원칙하에서 파울러는 기초연금 강화, SERPS의 폐지, 2층 연금으로서의 개인연금 도입을 골자로 하는 녹서의 안을 만들어 냈다.

그러나 재무부는 녹서가 출판되기 전부터 SERPS의 폐지에는 반대한다는 목소리를 내기 시작했다. 재무부가 SERPS의 폐지에 반대한 주요 이유는 이중 지불 문제였다. 즉 부과 방식의 SERPS를 폐지하고 완전 적립 방식의 의무적 개인연금을 도입하면 국가는 개혁 당시 이미 연금을 받고 있는 사람들이나 은퇴가 가까운 사람들에게는 상당히 긴 기간 동안 과거 제도에 따라 연금을 지급하면서, 다른 한편으로는 개인연금에 대한 새로운 지원금 역시 지출해야 했다. 건전재정을 최우선적 과제로 삼는 재무부는 이는 받아들일 수 없는 대안이라고 버텼다. 재무부장관은 또한 2층 의무 연금이 공사 부문 모두의 고용주에게 부담을 줄 것이라고 비판했다(Taylor-Gooby 2005, 122). 요컨대 연금 개혁을 둘러싸고 정부 내에서도 중요한 의견 차이가 존재했던 것이다.

야당인 노동당과 자유당은 SERPS 폐지를 골자로 하는 연금 개혁안은 노후보장을 개인 책임으로 돌리려는 빅토리아적 가치관의 부활이며, 보편주의의 후퇴라고 반대했다. 노동당은 1983년 선거 강령에서, 자신이 집권한다면 1980년 보수당 정부가 물가에 연동하도록 바꾼 기초연금을 다시 소득에 연계시키겠으며 남녀 은퇴 연령을 모두 60세로 통일하겠다고 공약했다. 녹서가 발표되자 노동당은 정부의 사회보장 개혁안이 복지 수급자를 자격 있는 빈자와 자격 없는 빈자로 나누는 빅토리아적 가치관에 입각해 있다고 비난했다. SERPS 폐지안에 대해서는 보수당이 지나치게 비관적인 인구 전망에 입각해, 1983년 선거 강령에서는 일언반구 언급하지도 않았던 급진적 연금 개혁을 추진하려 하고 있다고 비판했다.

그러나 야당인 노동당의 주장은 사실상 법안에 아무런 영향을 미칠 수 없었다. 노동당 역시 TUC와 마찬가지로 노후소득보장조사위원회에 초대받지 못했다. 게다가 경제 및 복지 정책 일반에서 보수당과 노동당의 입장 차가 그 어느 때보다 큰 상태여서 양당 간의 협의는 거의 이루어지지 않았다. 결국 노동당이 할 수 있는 것이란, 자신이 집권하면 보수당의 연금 개혁을 뒤집겠다는 위협뿐이었다. 이런 노동당의 입장은 1987년 선거 강령에도 그대로 반영된다. 노동당은 자신이 집권하면 ① 기초연금을 물가 상승률 이상으로 인상하고, 궁극적으로는 물가나 소득 중 더 많이 오른쪽과 연동해 기초연금률을 정하는 과거의 방식으로 회귀하겠으며, ② 삭감된 SERPS의 산정 방식을 과거와 같은 것으로 되돌려 놓겠다고 공약했다.

한편 녹서가 출판되자 정부안에 대한 반대는 의외로 거셌다. 특히 보수당이 우군이라고 믿고 있었던 여러 집단 내에서 반발이 터져 나왔다. 먼저 고용주들의 이익을 대변하는 영국산업연맹CBI은 폐지에 대해 양가적이었다. CBI는 한편으로는 경쟁력과 조세 수준을 걱정하는 이익 집단으로서 SERPS를 폐지하고 노후보장의 책임을 국가에서 민간으로 이양하려는 정부 안에 공감했다. 그러나 이미 광범위하게 발전해 있던 직업연금의 제공자인 고용주들의 조직으로서는, 연금 체계를 불안정하게 할 이 새로운 법안이 반갑지 않은 것이었다.

영국에서 직업연금은 피용자의 충성심을 확보할 수 있는 인력 관리의 중요한 수단이었다. 또한 세금을 절약할 수 있는 자기금융self-fiancing

의 수단이기도 했다. 그런데 SERPS의 폐지는 직업연금 체계를 뒤흔들 수 있었다. SERPS가 개인연금으로 외부 대체를 허용하면 향후 노동력에 편입되는 새로운 취업자들은 직업연금 대신 개인연금을 택할 수 있고, 그럴 경우 직업연금의 세대 간 수급 균형이 무너질 우려가 있기 때문이었다. 따라서 CBI는 3층 체계를 선호했다. 즉 기초연금은 안전망으로 유지되어야 하며, 2층 연금은 정부(SERPS)나 기업(직업연금)이 제공하는 현재의 틀을 유지해야 하고, 민간 개인연금은 자발적으로 가입하는 3층으로 두면서 재정적 유인을 제공해 가입을 고무해야 한다는 것이었다.

CBI는 이런 주장을 위원회에서 개진하면서 SERPS 폐지에 반대했다. SERPS를 존속하되 향후 비용 문제를 고려해 급여를 삭감해야 한다는 것이었다. 이들이 주장했던 삭감 방안은 유족 급여를 삭감하고, '최고 소득 20년' 규정을 '평생 소득' 규정으로 바꾸는 것이었다. 또한 CBI는 SERPS를 대체할 외부 개인연금에 고용주가 피용자와 함께 기여해야 한다는 안에도 결사반대했다. 이들의 입장에서는 직업연금과 달리 개인연금에 대한 기여는 순수하게 부담으로서의 의미밖에 가지지 않았기 때문이다(Bonoli 2000, 72-74).

한편 영국 직업연금 기금을 대표하는 전국연기금연합회NAPF[11] 또한 CBI와 마찬가지로, 젊은 세대 피고용자들이 직업연금 대신 개인연금을

11_전국연기금연합회는 직업연금 회사들의 이익을 대표하는 연합 조직이다. 2000년대 초를 기준으로 할 때 영국의 총 직업연금의 적립금 가운데 약 80%가 협회 회원사들에 의해 관리되고 있었다.

택하게 될 경우 초래될 직업연금의 인구학적 불균형을 우려했다. 협회는 사실상 정부안을 자신들의 사업에 대한 위협으로 받아들였다. 위원회에 제출한 보고서에서 전국연기금연합회는 "현재의 직업연금은 급여의 성격이나, 각 개인의 이익이 그 자신의 서비스와 그 자신의 봉급에 기반하고 있다는 점에서 개인연금과 다르지 않"(강조는 원문 그대로임)으며, "유일한 차이는 개개인들이 각자 자신의 돈 보따리를 쥐고 있지 않다는 것뿐이다"라고 주장했다(Bonoli 2000, 74). 또한 개인연금이 취하고 있는 확정기여 방식은 투자 수익의 불확실성으로 인해 현재 직업연금의 확정급여 방식보다 피용자들에게 훨씬 더 불리하다고 주장했다. 그리고 CBI의 주장처럼, 개인연금은 3층으로 해야 하며, 2층 SERPS의 대체재로 만들어 직업연금과 병렬시켜서는 안 된다고 주장했다.

녹서가 발간되자 전국연기금연합회는 정부안이 이해 당사자들의 충분한 협의를 거치지 않았다고 비판했고, 국가연금과 직업연금의 협조 관계를 위협할 것이라고 비난했다. 또한 자신이 집권하면 SERPS를 복구하겠다고 주장하는 노동당에게도 불안을 느꼈고, 이런 사태를 피하기 위해 연금 개혁을 위해서는 충분한 협의와 합의가 전제되어야 한다고 주장했다.

한편 영국노동조합회의TUC는 연금 개혁의 과정에서 완전히 배제되었다. TUC는 노후소득보장조사위원회에 초대받지 못했다. 게다가 대처 정부 1기 동안 이루어진 노조와 정부 간의 대치 속에서 양자 간의 관계가 극도로 악화되어 있었기 때문에 노조는 다른 채널로도 영향력을 행사하기 어려웠다.[12] TUC가 할 수 있었던 것은 위원회에 제출한 자료를 통해 자신의 입장을 전달하는 것 정도였다.

TUC는 확정급여형 개인연금은 수백만의 노동자를 시장의 변동성에 노출시키고 운이 나쁠 경우 빈곤에 빠뜨릴 것이므로 정부안을 받아들일 수 없다고 말했다. 그리고 직업연금은 가입자들이 집단적이기 때문에 어느 정도 영향력을 행사할 수 있는 반면, 개인연금은 개인 계약자로서 아무런 목소리를 낼 수 없다는 점을 들어 정부안에 반대했다. TUC는 기존의 확정급여형 제도가 가지고 있는 연금 수급자 보호 혹은 노동자 보호를 약화시키려는 어떤 시도에도 협조하지 않겠다고 선언했다. 1984년 연차 총회에서도 TUC는 개인연금의 도입은 직업연금의 인구학적 균형을 위협할 수 있다는 이유로 반대했다. TUC의 입장은 기초연금을 인상하고 1975년 〈사회보장법〉의 기본 틀을 유지해야 한다는 것, 그리고 SERPS와 2층 연금으로서의 직업연금을 조화시켜야 한다는 것이었다(Bonoli 2000, 77).

녹서가 발표되자 TUC는 정부 측의 연금 개혁안은 소득재분배를 위장한 강도 행위라고 비난했다. 그리고 보수당이 SERPS를 폐지한다면, 집권 후 이를 부활시키겠다는 노동당안에 대한 지지를 표명하면서 반대 캠페인을 전개했다.

빈곤추방운동단체들[13] 역시 정부안에 반대했다. 연금과 관련해 가장 대표적인 시민운동단체라 할 수 있는 노후협회는 기본적으로 북유럽식 연금제도의 도입을 주장해 왔다. 즉 기초연금을 인상해서 기초 보

12_CBI 역시 위원회에는 초대받지 못했다. 그러나 CBI는 전통적인 보수당의 지지 세력으로서 여러 비공식적 통로를 통해 자신의 입장을 정부에 전달할 수 있었다.

13_영국에서 빈곤추방운동단체(anti-poverty lobby)들이란 스스로를 조직화하지 못하는 빈민들을 대신해서 정책과 관련된 주창 활동(advocacy)을 하거나 빈민 관련 서비스를 제공하는 시민운동단체들이다.

장이 되게 하고 그 위에 소득 비례의 SERPS를 얹음으로써 공적연금이 명실상부하게 노후보장의 주축이 되도록 하자는 것이었다. 특히 노후협회는 노후소득보장조사위원회에 제출한 입장을 표명한 자료에서 개인연금의 도입보다 시급한 것은 기초연금액을 인상하고 기여와 무관하게 연금을 받을 수 있도록 기초연금 수급 조건을 바꾸는 것이라고 주장했다. 녹서가 발표되자 노후협회는 개인연금은 결코 공적연금만큼 안정적인 노후보장책이 될 수 없다고 주장하며 정부안을 비판했다.

결국 정부가 내놓은 연금 개혁안의 SERPS 폐지라는 요소에 대해 정부 내의 재무부는 물론, 야당인 노동당과 자유당, 고용주협회와 노동조합총연맹, 그리고 전국연기금연합회와 빈곤추방운동단체 등 목소리를 낼 만한 세력은 모두 반대한 셈이다. 사태가 이렇게 전개되자 보건사회보장부는 정부의 애초 의도를 살리면서 자신의 지지 세력의 의사를 수용하는 형태로 타협책을 만들어 낸다. 이것이 바로 백서에 나타난, 그리고 나중에 거의 그대로 입법화된 연금 개혁안이다.

이 안에서는 앞서 정리한 바와 같이 SERPS를 폐지하는 대신 존속시키되, 급여산식과 규칙을 수정해 급여를 삭감하기로 했다. 재무부, CBI, 전국연기금연합회 등의 반대를 수용한 것이다. 또한 적격 개인연금과 완전 적립식 직업연금을 도입해 기존의 직업연금과 더불어 SERPS의 외부 대체로 인정하기로 했다. 그리고 개인연금에 가입하는 사람들에게는 세금 환급급 형태로 보험료의 2%를 지급함으로써 개인연금 가입을 장려했다(Secretary of State for Social Service 1985b, 12-14).

이렇게 후퇴한 백서의 안이 나오자 이해 당사자들의 입장은 크게 달라진다. 정부 내부의, 재무부와 사회보장부 간의 이견은 봉합되었다. CBI와 전국연기금연합회는 백서의 안이 대체로 자신의 입장과 일치한다고 환영했다. 실제로 백서의 안은 직업연금과 관련된 CBI나 전국연기금연합회의 기득권을 해칠 만한 요소들은 현저하게 약화시킨 것이라고 할 수 있다.

그러나 CBI는 다시 한 가지 중요한 이의를 제기했다. 신규 개인연금 가입자에게만 2%의 세금 환급금을 제공하는 것은 직역연금에 대한 기여 경력이 짧은 노동자들이 직업연금에서 탈퇴해 적격 개인연금에 가입하도록 유도할 우려가 있으며 결국 직업연금의 세대 간 균형을 해칠 수 있다는 것이었다. CBI는 대안으로 2% 리베이트를, SERPS에서 탈퇴해 개인연금에 가입하는 사람들에게만 제공하든지, 아니면 모든 SERPS의 외부 대체 대상자(즉 직업연금 가입자와 개인연금 가입자)에게 적용해야 한다고 주장했다. 결국 정부는 전자의 대안을 택했다. 즉 SERPS에서 빠져나와 적격 개인연금에 가입하는 사람들에게는 2%의 리베이트라는 혜택을 주었으나, 직업연금에서 빠져나와 적격 개인연금에 가입하려는 사람들에게는 이런 혜택을 주지 않기로 한 것이다. 이로써 정부의 최종안은 CBI가 주장했던 것과 거의 같은 안이 되었다.

한편 최종안은 고용주들이 확정기여형 직업연금을 택하기 쉽도록 외부 대체 기준도 새롭게 명시했다. 그 결과 보장최저연금 의무 때문에 직업연금 운용이 어려웠던 소규모 기업가도 직업연금 설치가 가능해졌다. 또한 SERPS의 급여가 삭감됨에 따라 SERPS가 지급하는 최소 수준으로 설정된 GMP 수준 역시 하락했다. 이직 시 직업연금의 수급권 보존을 위한 최소 가입 기간도 5년에서 2년으로 줄어들었다.

이렇게 재무부, CBI, 전국연기금연합회의 반대가 잦아든 반면, 노동당이나, 노조, 빈곤추방운동단체는 여전히 정부안에 반대했다. 노동당은 자신이 1986년 4월 이전에 집권하면 1986년 〈사회보장법〉의 시행을 막을 것이며, 1986년 4월 이후에 집권하면 이 법을 폐기하겠다고 주장했다. 하지만 이런 반대는 현실적으로는 법안 통과를 저지하는 데 아무런 힘을 발휘할 할 수 없는 것이었다. 결국 총리–보건사회보장부를 중심으로 하는 연금 개혁의 핵심 세력은 개혁안의 변경을 통해 가까운 반대파를 건인함으로써 연금 개혁을 성사시켰다. 1986년 7월 마침내 새로운 〈사회보장법〉이 통과되었다.

4. 연금 개혁의 결과와 후속 개혁

개혁의 결과

공적연금 지출의 감소

1986년 연금 개혁의 결과는 다음과 같이 정리할 수 있다. 첫째, 정부가 의도했던 바대로 장기적으로 볼 때 공적연금 지출은 크게 줄어들 것으로 예상되었다. 〈표 4-1〉이 보여 주듯이 1986년 〈사회보장법〉에 따른 연금 개혁이 없었을 경우 SERPS는 2000년 이후에는 엄청난 재정 부담을 끼칠 것으로 예상되었다. 1990년대 초 기초연금의 17분의 1 정도에 불과할 SERPS는 2013년쯤부터 급속히 증대해 2033년 이후에는 기초연금을 초과하는 것은 물론 이것만으로도 총 사회보장 지출의 약 반가량이나 차지할 것으로 보였었다. 그러나 연금 개혁은 이런 전망을 일거에 뒤바꾸어 놓았다. SERPS의 개혁은 1993/94년 이후 점차 삭감 효과

	1993/94년	2003/04년	2013/14년	2023/24년	2033/34년
개정 전 제도					
노령연금					
기초연금	17.4	17.4	19.2	21.2	23.4
SERPS	1.1	4.3	10.1	16.9	25.5
총 사회보장 지출	23.5	27.3	35.4	44.5	55.5
개정 제도					
노령연금					
기초연금	17.4	17.4	19.2	21.2	23.4
SERPS	1.1	4.2	7.5	10.3	13.2
총 사회보장 지출	23.2	26.8	32.1	37.0	42.0
제도 개혁에 의한 지출 절감 효과					
노령연금	-	0.1	2.6	6.6	12.3
총 사회보장 지출	0.3	9.5	3.3	7.5	13.5

자료: Secretary of State for Social Service(1985b, 52).

가 증대되어 2022/34년에는 이전 연금제도하에서 255억 파운드를 차지할 것으로 예상되었던 연금 총액을 132억 파운드로 삭감시킬 수 있을 것으로 추산되었다. 이는 사회보장 개혁으로 인한 총지출 절감 예상액(135억 파운드)의 거의 대부분을 차지하는 것이다.

그러나 단기적으로 볼 때는 연금 지출의 명목적 감소가 곧 공공 지출의 실질적 감소를 의미하는 것은 아니었다. 공공 지출 감소를 명분으로 연금 민영화가 시도되었음에도 불구하고 지출 절감 효과는 개인연금의 도입이나 확정기여형 직업연금 확대보다는 오히려 공적연금의 급여 규칙 변화에 따른 삭감 쪽이 훨씬 클 것으로 예상되었다.

이렇게 민영화로 인한 이익이 보잘것없었던 것은 일차적으로는 개인연금을 택하는 사람들에게 지급하는 조세 환급금으로 엄청난 액수가 지출되었기 때문이다. 게다가 광범위한 민간연금으로 외부 대체를 허용함에 따라 어쩔 수 없이 규제와 감시에 따른 비용이 증대되었다. 민간연금보험 회사들이 정부가 외부 대체 기준으로 정한 규칙을 준수하고 있는지에 대한 모니터링이 필요했던 것이다.

또한 연금 개혁은 연금 지출에 대한 통제를 좀 더 효율적으로 만들기는 했으나 다른 방식으로 공공 지출에 부담을 가했다. 즉 리베이트는 국민보험 기금의 수입을 감소시켰고, 결국 재무부는 여전히 부족분을 보충하기 위해 국민보험 기금으로 이전을 계속해야 했다. 장기적으로 볼 때도 기초연금의 하락, SERPS의 삭감, 그리고 민간연금의 불충분한 급여는 노년 빈곤을 증대시키고 결국 공공부조의 수급자 수를 증대시킬 수밖에 없는데, 이는 연금에서 이루어질 지출이 다른 항목으로 이전될 뿐임을 의미했다(Schulze & Moran 2007).

어쨌든 이런 연금 개혁의 재정적 결과는, 뒤에서 논하는 바와 같이, 연금 개혁이 공공 지출 감소라는 재정적 이유에서라기보다는 국가 복지의 후퇴와 개인 책임의 강화라는 이데올로기적 목적에서 이루어졌다는 해석에 힘을 실어 준다. 또한 외부 대체를 통한 민영화의 확대로 이제 2층 공적연금에 대한 젊은 세대의 기여는 대폭 줄게 되었는데, 이는 공적연금의 재정 압박이 더욱 심화되고 추가적인 연금 축소의 필요성이 발생할 가능성이 커졌음을 의미했다.

연금 체계의 시장화·개인화·파편화

연금 개혁의 또 하나의 중요한 결과는 개인연금 가입자 수가 급속히 증대했으며, 그 결과 연금 체계의 개인화·시장화가 진전되었다는 것이다. 개혁 입법 과정에서의 논란과 달리 1986년 새로운 〈사회보장법〉에 의해 개인연금 가입이 가능해지자 대중의 반응은 뜨거웠다. 개인연금 가입자가 폭발적으로 증가한 것이다. 첫 1년 동안 310만 명이, 5년 후에는 무려 540만 명이 공적연금에서 빠져나와 외부 대체로 개인연금을 선택

표 4-2 | 영국 피용자들의 연금 가입 추이

단위: 1천 명

연도	SERPS	직업연금	개인연금
1987	10,878	8,042	–
1988	10,043	7,904	1,288
1989	7,973	8,030	3,397
1990	7,679	8,270	4,172
1991	7,436	8,202	4,810
1992	6,653	8,068	5,340
1993	6,335	7,804	5,667
1994	6,527	7,476	5,732

자료: Bonoli(2000, 80)에서 재인용.

했다. 다른 나라에서는 PAYG 방식의 공적연금의 삭감이나 민영화 기도가 엄청난 대중적 반발을 불러일으켰던 데 비해 영국에서는 정반대의 현상이 벌어졌던 것이다.

그 이유는 말할 것도 없이 2%의 유인책, 즉 보놀리가 2%의 '뇌물'bribe라고 불렀던 조세 환급금이었다. 위에서 언급한 바와 같이 SERPS 대신 개인연금이나 확정기여 방식의 새로운 직업연금으로 외부 대체를 하는 사람들에게 6년 동안 국민보험 기금으로부터 소득의 2%에 해당하는 기여금 환급[14]을 하기로 하자 사람들은 장기적 유불리를 꼼꼼히 계산해 보지 않은 채 너도나도 외부 대체를 선택했던 것이다.[15]

〈표 4-2〉에서 볼 수 있듯이, 1988년 128만8천 명에 불과했던 개인

14_즉 일단 월 소득에서 국민보험 기여금이 원천 공제가 되면 매 회계연도 종료 후 보건사회보장부가 개인연금이나 직업연금 계좌로 소득의 2%에 해당하는 리베이트를 넣어 주었다.

15_이런 개인연금의 인기도 이후 노동당으로 하여금 SERPS의 복원을 주장하기 어렵게 만들었다.

연금 가입자는 1994년에 이르면 573만2천 명으로까지 증대했다. 같은 기간 직업연금은 1987년 804만2천 명에서 1994년 747만6천 명으로 소폭 감소했다. 반면, SERPS는 1987년 1,087만8천 명에서 1994년 652만7천 명으로 대폭 감소한다.

이런 상황의 결과는 공-사 연금 간의 균형이 역전되는 것이었다. 이미 직업연금이 광범위하게 발전해 있었던 데다가 개인연금까지 급속히 확대되자 개인연금의 성장에 따라 공적연금과 사적연금 간의 균형이 역전되었다. 〈표 4-2〉를 보면 개혁의 효과가 본격적으로 나타나기 시작한 1989년에 이르면 벌써 직업연금과 개인연금 가입자를 합한 민간연금 가입자가 SERPS 가입자 수를 추월하고 있다. 1976년 어렵게 출발한 SERPS는 결국 든든히 뿌리내리지 못한 채 가입자가 급속히 감소했고, 공적연금이 근소하게 우위였던 영국의 연금 체계는 명백한 민간연금 우위로 탈바꿈했던 것이다. 보수당 정부는 '각자의 노후는 각자가 알아서'라는 자신의 신념을 현실화시키는 데 성공한 셈이다.

연금 정치 구도의 변화

연금 체계의 변화는 연금 정치 구도의 변화를 의미하는 것이기도 했다. 시장화와 개인화의 진전에 따라 연금에 대한 영국인의 이해관계는 과거와는 다른 구도로 재편되었다. 이미 연금에 대한 영국인들의 이해관계는 공적연금의 확고한 우위가 확립된 여타 국가들에 비해 매우 시장화·분절화되어 있었다. 이제 직업연금보다 훨씬 더 개인의 선택과 책임을 강조하는 개인연금이 공적연금의 외부 대체의 일익을 담당하게 됨으로써 영국의 2층 연금 구조는 취약한 공적연금에, 직업에 따라 보장 정도가 크게 다른 직업연금, 그리고 개인연금의 병존이라는 매우 복잡하고 파편화된 모습을 가지게 되었다. 이는 영국에서는, 연금 정치에서 가입자들이 집단주의적 이익 구조를 기반으로 정부를 대상으로 힘을 행사할 수 없는 구도가 만들어졌음을 의미하는 것이었다.

이런 개인화와 파편화는 대처 정부가 의도한 것이기도 했다. '사회라는 것은 존재하지 않는다, 오직 개인들이 존재할 뿐이다'라고 보았던, 그리고 모든 종류의 집산주의collectivism를 개인의 자유에 대한 침해이자, 개인의 경제적 책임에 대한 방기라고 보았던 대처의 입장에서 재분배의 논리와 국가의 시장 개입을 필요로 하는 공공재의 국가 공급은 최소화되어야 했다. 이런 대처 정부의 의도는 대대적인 민영화로 표출되었다. 대처 정부는 국영기업의 비효율성을 공격하면서 영국 석유, 영국 가스, 영국 통신 등 다수의 국영기업 및 공영주택의 민영화를 추진했다.

이런 민영화 정책은 효율성 증대나, 국가재정의 건실화라는 공언된 목표보다는 오히려 정치적 의도에서 이루어진 경우가 많았다고 평가된다. 일단 민영화된 기업, 매각된 공영주택은 다시 국가의 통제하에 들어오기 어렵기 때문에 다음 정권에서도 국가 개입의 후퇴를 반전시키지 못하게 하는 중요한 수단이 되기 때문이다. 게다가 민영화의 수혜자가된 주식 소유자들, 주택 매입자들은 다음 선거에서 대처의 열렬한 지지자가 되었고 '재산 소유 민주주의'property owning democracy라는 대처 정부의 이데올로기의 전도사가 되었다. 즉 대처 집권기 민영화는 경제적 효과보다는 보수당의 득표 기반을 확대하고 선거연합을 재구축하려는 정치적 효과가 더 컸던 것이다(Dobek 1993; Onis 1991; 김영순 1996).

연금 개혁 역시 이와 매우 유사한 구조를 가지고 있었다. 앞서 지적한 것처럼 대처 정부가 연금 민영화로부터 얻은 재정적 이익은 그렇게 크지 않았다. 단기적으로는 리베이트와 민간연금 규제에 너무 많은 돈을 써야 했고, 장기적으로도 노년 빈곤자들에게 결국은 공공부조를 통해 재정을 지출할 수밖에 없기 때문이다. 반면, 연금 개혁이 가져온 정치적 이익은 다른 민영화가 가져온 이익과 유사했다. 1986년 연금 개혁은 새로운 연금제도에 이해관계stake를 갖게 된, 상당 규모의 새로운 지지 기반을 창출했다. 이들에게는 민간연금이 투자 자본 수익률에 달려 있기 때문에 자본 수익에 부정적 영향을 미칠 모든 법안, 예컨대 세금 인상이나 기업가들이 싫어하는 규제들은 모두 지양되어야 했다. 결국 민간연금도 민영화된 공영주택처럼, 이미 투여한 이익vested interest으로 인해 향후 그 이익을 침해할 입법이 시도될 경우 이에 저항할 지지 기반을 창출해 냈던 셈이다(Bonoli 2000, 71).

민간연금의 지지 기반이 생성되는 이면에서는 공적연금 지지 세력이 취약해지는 결과가 나타났다. 공적연금의 급여율 하락은 중간층은 물론 안정적 일자리를 가진 정규직 노동자들로 하여금 노후보장책으로서 직업연금에 대한 의존도를 더욱 높일 수밖에 없게 만들었다. 이런 상황에서 취약해진 공적연금에 여전히 남아 그것의 유지와 방어를 원하는 세력은 점점 더 한계적 계층으로 좁혀져 갈 수밖에 없었다. 즉 비정규직이나, 경력 단절이 잦은 여성 등이 공적연금의 주된 수혜자이자 지지 기반이 될 가능성이 높아졌던 것이다.

민영화의 부작용들

노후보장을 가능한 한 개인의 문제로 만들고 시장에 맡기고자 했던 보수당 정부의 의도는 매끄럽게만 추진되지는 않았다. 특히 정부는 개인연금 시장에 대한 민간연금 산업의 참여를 고무하기 위해 가입자 보호를 위해 꼭 필요했던 적절한 규제와 감시를 행하지 않았는데, 이는 심각한 후유증을 낳았다.

1993년 불거진 '불완전 판매'mis-selling 스캔들은 규제 미흡이 낳은 대표적 대형 사고였다. 불완전 판매란 퇴직 전까지 충분한 연금기금을 축적할 수 없기 때문에 그냥 SERPS에 남아 있는 것이 나은 사람들이 연금보험 회사 세일즈맨의 설득에 현혹되어 개인연금으로 옮겨간 현상을 가리킨다. 당시 영국의 보험회사들은 개인연금의 판매를 촉진하기 위해 고의로 연금 수급액이나 수익성은 부풀리고 투자 방식의 안정성은 과장했다. 그리고 그 결과 150만 명 정도가 SERPS에 남아 있는 것이 유리함에도 불구하고 탈퇴해 자신에게 부적합한 개인연금 상품을 구매했다. 이는 2% 리베이트라는 정부가 제공한 눈앞의 이익과 민간 회사의 부도덕이 맞물려 개인 가입자를 희생시킨 사건이었다.

이는 직역연금에서 개인연금으로 옮겨간 경우에도 발생했다. 블레이크(Blake 2003; 최영준 2011, 115에서 재인용)에 따르면 1988~93년간 약 50만 명이 직업연금에서 탈퇴해 개인연금으로 옮겨갔는데 이 가운데 90% 정도는 개인연금 회사의 부적절한 정보 때문에 개인연금에 가입했다는 것이다. 예컨대 1989년 개인연금에 가입해 1994년 60세로 은퇴한 광부의 경우 개인연금에서 받은 액수는 일시금 2,789파운드에 연금 734파운드였지만, 그가 확정급여형 직역연금에 남아 있었더라면 일시금 5,215파운드에 연금 1,791파운드를 받았을 것이었다.

불완전 판매 스캔들은 극단적인 경우이지만, 이렇게 극단적인 경우가 아니더라도 개인연금 가입자의 경우 늘 정보의 비대칭성에서 오는 위험은 안고 있다고 할 수 있다. 연금과 관련된 선택을 온전히 자신의 몫으로 떠맡게 됨으로써, 노후보장의 불안정성이 증대되는 것이다. 여러 개의 개인연금 중 합리적 비교를 통해 자신에게 유리한 상품을 구매

한다는 것은 개인 구매자들에게는 쉬운 일이 아니다. 예컨대 금융시장이 수시로 변하는 상황에서 개개인이 보험회사의 투자 실적이나 금리 차이, 그리고 수익률과 수수료의 차이 등을 제대로 계산하는 재정적 가독 능력financial literacy을 갖기는 쉽지 않다.

게다가 개인연금들은 최소 기여 규정만 가지고 있을 뿐 직업연금과 달리 최저 보증 연금 지급 규정이 없어 실제로 기여자가 얼마나 급여를 보장받을 수 있을지는 불투명했다.[16] 결국 금융시장의 변동성이 점점 더 커지는 상황에서 그 변동에 따른 노년 소득 상실의 위험은 이제 정부나 금융회사, 혹은 기업이 아니라 가입자 개인이 온전히 떠안게 된 것이다. 스스로의 선택에 따라 투자하고 그 결과를 받아들이라는 '자유와 책임'의 논리가 연금의 영역에 그대로 투영된 것이다. 그리고 그 결과는 노후 불안정성의 증대였다.

또한 1991년의 맥스웰 스캔들은, 개인연금이 아니라 직업연금 쪽에서 난 사고이지만, 이 역시 정부의 느슨한 규제가 얼마나 큰 후유증을 낳는지 극적으로 보여 주었다. 1991년 영국의 유력 언론 재벌인 미러그룹Mirror Group 소유주이던 로버트 맥스웰Robert Maxwell은 재정난을 겪고 있던 자신의 계열사에 직업연금 기금을 투자했고 최대 10억 파운드의 손실을 보았다.[17] 당시 〈직업연금법〉은 직업연금의 확대를 장려하기

16_1986년 개혁 이후 확정급여 방식의 직업연금도 최소 급여 수급 요건이 더 까다롭게 바뀌었다.

17_1991년 미러그룹 사주 로버트 맥스웰이 요트에서 실족사한 뒤 그가 자신의 계열사들의 연기금 4억5천만 파운드를 재정난에 빠진 계열사들에 투여한 사실이 밝혀졌다. 이는 맥스웰 계열사 피용자 3만2천 명의 직업연금을 불확실성으로 밀어 넣은 것이었다. 1992

위해 연금기금의 수탁자에게 기금 자산의 운용에 광범위한 재량권을 허용하고 있었다. 맥스웰은 이런 허점을 이용, 계열사에 무리한 투자를 감행했던 것이다. 결국 계열사들이 지급불능 상태에 빠지고 투자자산은 회수할 수 없게 되었다. 피용자들의 노후보장에 쓰여야 할 연금이 사주의 자의에 의해 엉뚱한 곳에 쓰였던 것이다.

맥스웰 사태는 사람들에게 연금기금 안전성에 대한 불안감을 불러일으켰고 투자 관행에 대한 좀 더 엄격한 규제가 필요하다는 여론을 불러일으켰다. 그러나 직업연금을 장려하는 데만 골몰하고 있던 보수당 대처 정부는 연금제도의 기초를 위협하는 이런 심각한 사건이 터지고도 즉시 규제에 나서지 않았다.

개인연금 불완전 판매 소동과 맥스웰 사건은 연금 민영화에 적절한 규제가 동반되지 않을 때 얼마나 큰 피해가 발생할 수 있는지를 여실히 보여 주었다고 할 수 있다.

후속 개혁

이제 후속 개혁의 과정을 살펴보자. 맥스웰 스캔들과 개인연금 불완전 판매로 연금제도에 대한 불안이 높아지고 있던 가운데 치러진 1992년

년 정부는 이 회사의 연기금 자산을 회복시키기 위해 '맥스웰 연금 유닛'(Maxwell Pensions Units)과 '맥스웰 연금 트러스트'를 설립했다. 그리고 이 두 기구들을 통해 맥스웰 계열사들과 남은 금융자산으로부터 약 2억7,600만 파운드를 회수하고, 런던 금융가('City')로부터 600만 파운드의 기부를 받아, 맥스웰 계열사 직업연금 가입자들의 연기금을 채워 넣었다.

총선에서 노동당은 자신이 집권한다면 SERPS를 복귀시키고, 기초연금을 인상하겠으며, 민간연금에 대한 보조금을 삭감하겠다고 공약했다. 보수당은 민간연금을 선택하는 사람들에게 인센티브를 더 늘려야 한다고 주장했다(Taylor-Gooby 2005, 126). 노동당은 이 선거에서 근소한 차(21석)로 패했다.

선거 승리 후 보수당은 다시 연금 개혁을 시도하는데, 이번 개혁은 1986년 개혁의 연장선상에서 이를 더욱 진전시키는 한편 그 부작용을 수습하는 성격을 갖는, 일종의 후속 개혁이었다. 1995년 〈연금법〉Pension Act으로 정리된 개혁의 핵심 내용은 기초연금의 남녀 연금 수급 연령 균등화, SERPS 급여 산출 방식의 변화, 그리고 맥스웰 스캔들에 대응한 기업연금에 대한 관리 강화였다.

먼저, 남녀 연금 수급 연령 균등화와 SERPS 급여 산출 방식의 변화는 1986년의 SERPS 삭감의 연장선상에서, 연금 지출의 감소를 의도한 것이었다. 1992년 파운드화의 위기로 인한 영국의 유럽 환율조절장치Exchange Rate Mechanism, ERM 탈퇴는, 정부 내에서는 좀 더 긴축적인 재정 정책에 대한 요구로 나타났다. 그리고 이에 따라 공공 지출 중 더 표적화할 수 있는 영역, 혹은 국가가 아주 손을 뗄 수 있는 영역이 어디인지 검토하는 '포틸로 리뷰'Portillo Review가 행해졌다. 이 리뷰는 과거 각 내각 부처가 필요 예산을 제출하면 재무부가 이를 검토했던 것과 달리 이제 재무부가 예산 절감을 위해 선제적으로 각 부처의 사업을 들여다본다는 것을 의미했다. 리뷰 이후, 실업급여 대신 구직자 수당Job Seeker's Allowance을 도입하고 장애자 수당을 삭감하는 조치들이 잇달아 이루어졌다.

분위기가 이렇게 돌아가자, 이미 1986년 대대적인 삭감과 민영화가 이루어졌던 연금도 삭감 압력으로부터 자유롭지 못하게 되었다. 먼저 여성의 연금 수급 개시 연령이 기존의 60세에서 남성과 같은 65세로 조정되었다. 이는 남녀 연금 수급 연령을 같게 하라는 1990년대 초 유럽연합의 유럽재판소 판결을 반영하는 것이기도 했으나, 결과적으로 60~64세 여성의 연금이 삭감되는 것과 같은 효력을 갖는 것이었다. 또한 SERPS의 경우 급여의 산정 기초가 되는 소득 계산 방법을 개정해 다시 지출 삭감을 꾀했다. 새로운 산정 방법의 도입으로 인한 누적적 지출 절감 효과는 매우 커서 SERPS 지출을 2020년까지 25%를, 그리고 2040년까지는 거의 반 정도를 절감할 수 있을 것으로 예측되었다. 또한 확정급여 방식 민간연금의 보장최저연금 요건을 폐지해 이들이 최소한 SERPS가 제공하는 수준의 연금을 지급할 의무를 없앴다. 마지막으로 이전에는 기업연금의 급여 수준 결정 시 물가 연동 기능을 공적연금 기금에서 보장했다. 그러나 이제 확정급여를 국민보험 기금에서 보조받지 않고 최대 5%까지 물가에 연동되도록 하여 완전히 기업연금에서 해결토록 함으로써, 기존의 공적연금 기금과 민간연금 간의 연계를 폐지했다(Glennerster 1997, 124; Taylor-Gooby 2005, 126).

한편 맥스웰 스캔들에 대응해 직업연금 기금의 안정성 강화 조치도 취해졌다. 연금 민영화에 따른 후유증이 잇달아 드러나자, 구드위원회 Goode Committee는 개인연금과 직업연금에 대한 규제를 강화할 것, 그리고 연기금의 잘못된 관리로 손해를 입은 사람들을 구제할 것을 권고했다. 전국연기금연합회, 고용주총연맹, 노총, 그리고 증권·투자위원회 Securities and Investment Board는 이런 구드위원회의 권고를 승인했다. TUC는 맥스웰 스캔들의 주요인이 직업연금이나 개인연금에 대해 고용주가 과도한 권력을 행사하는 것이라고 주장했다. 그리고 연금의 최소 지불 준비금minimum solvency(적립된 연금 중 투자하지 않고 지불을 위해 보유해야 하는 금액) 기준을 강화하고, 고용주 회사에 직업 연기금을 투자하지 못하도록 해야 한다고 주장했다. 고용주총연맹은 고용주 측 대표들이 연기금운용위원회pension boards에서 다수를 점해야 하며 연금제도와 관련된 중요한 결정을 내릴 수 있어야 한다는 캠페인을 대대적으로 전개했다. 그러나 구드위원회는, 고용주들은 피용자 대표들이 기업연기금운용위원회의 3분의 1을 차지하도록 할 것, 대신 고용주들이 급여 수준과 조건을 결정하는 위치에 있도록 할 것을 권고했고, 이는 모두 1995년 〈연금법〉에 반영되었다.

1995년 〈연금법〉은 기업연금 기금의 자기 투자self-investment(자기 기업에 대한 투자)를 5%로 제한하는 규정을 만들었고, 각 기업의 연금기금 수탁위원회trustees가 자기 투자와 고용주에 대한 대출을 제한할 의무를 가지도록 했다. 또한 수탁 위원회의 3분의 1을 직업연금 가입자 중에서 선출하도록 함으로써 가입자에 대한 책임성을 강화했다. 마지막으로 직업연금을 규제·감독하는 기구인 직업연금관리청이 설립되었고, 연금이 지급 불능 상태에 빠지게 될 때 개입해 지급을 보장하는 보상 기금compensation fund도 신설되었다(Bonoli 2000, 81-82). 한편 노총의 반대에도 불구하고 CBI는 연금의 최소 지불 준비금 기준을 약화시키고, 고용주 회사에 대한 연기금 투자 금지를 제한하는 것을 로비해 성공시켰다(Taylor-Gooby 2005, 126).

다음으로 '불완전 판매' 문제에 대한 대책 마련을 살펴보자. 불완전 판매 피해자들에 대해서는 감독 부처인 증권·투자위원회와 개인투자관리처가, 개인연금 상품을 팔았던 회사들에 대해 잘못된 조언을 받고 개인연금 상품을 구매한 사람들의 피해를 보상하라고 명령했다. 즉 이들로 하여금 보험료를 반환하고 원래 가입해 있던 SERPS나 직역연금에 복귀하는 데 드는 모든 비용을 부담할 것을 명했는데 이 총비용은 최대 30억 파운드에 달할 것으로 추산되었다(Gough & Shamkleton 1996; Bonoli 2000, 82에서 재인용).

그러나 보수당 정부는 자신의 연금 민영화 및 관리·감독 소홀의 결과인 이 문제에 대해 신속한 처벌 조처를 취하지 않았다. 노조도 자신의 집단적 이해관계가 달려 있던 직업연금 기금의 유용 문제에는 적극적으로 대응하고 대책을 요구했으나 불완전 판매 문제에 대해서는 소극적이었다. 결국 1996년 말에 이르러서야 겨우 몇몇 연기금 회사들은 '부도덕한' 행위에 대해 벌금을 부과받았다. 본격적인 규제는 정권이 바뀌고 난 후인 1998년 이후부터 이루어졌다. 이때서야 비로소 가장 큰 연기금 기업이자 불완전 판매의 대표적 기업이었던 프루덴셜Prudential에 대한 제재가 가해졌다(Taylor-Gooby 2005, 127).

1995년 연금 개혁의 과정은 1986년 개혁보다 훨씬 조용히 이루어졌다. 1992년 선거 직후 정부는 연금 개혁을 준비하기 위해 연금법검토위원회를 만들었다. 그러나 이번에도 역시 위원회는 연금 산업 대표들과 연구자들로 구성되었고 공식적 노사 대표는 없었다. 위원회는 정부 주도로 이루어졌으며, 결과는 대체로 정부의 의도를 반영했다. 법안 중 변경된 세 부분, 즉 연금 수급 연령 균등화, SERPS 급여 산식 변화, 외부 대체의 조건 완화는 모두 위원회 제안이 아니라 정부 스스로 국가의 부담을 민간 부문으로 이전 시킬 목적으로 변경한 것이라고 할 수 있다. 연금 수급 연령 균등화의 경우 노동당, 자유당, 노조, 여성운동 조직, 그리고 심지어 일부 기업에서 조차도 65세보다는 낮추거나, 최소한 유연하게 할 것을 요구하며 반대했으나, 이들의 영향력은 미약했다. 결국 이 조항은 수정되지 않은 채 통과되었다. SERPS 급여 산식 변화 역시 노조의 반대가 있었고 위원회에서 약간의 논쟁이 있었으나 변화 없이 통과되었다.

이런 공적연금의 급여 규칙을 변경하는 개혁들은 장기적으로 SERPS의 비용을 개혁 전 지출될 것으로 예상되었던 액수의 4분의 1로 떨어뜨릴 것으로 전망되었다(Whitehouse 1998). 그러나 이 변화의 의미를 아는 사람들은 극히 적었다. 토론은 제한된 범위에서 진행되었다. 지수 조정 개혁은 당장에 뭔가 크게 달라지지는 않는 것 같은 느낌을 주었고 연금에 대한 사람들의 이해력pension literacy은 높지 않았던 것이다. 노동당과 노조의 반대는 거세지 않았다. 1992년 선거 패배 후 노동당은 깊은 좌절감 속에 당의 진로를 두고 숙고에 들어갔다. 다른 한편 노동당은 이제 우후죽순처럼 자라난 개인연금이나 직업연금을 폐기하고 공적연금으로 이를 대체하는 것이 거의 불가능하다는 것을 깨닫기 시작했다. 결국 장기적으로 커다란 연금 삭감을 가져올 사안이, 그 의미를 적절히 해석하고 전달해 줄 주체가 없는 상태에서, 다수제 정부에 의해 손쉽게 통과되어 버린 것이다.

5. 토의와 소결

지금까지 1986년 대처 정부의 연금 개혁과 이를 보완하는 1995년 후속 개혁의 과정을 살펴보았다. 이제 어떻게 이런 개혁이 가능했는지에 대해 좀 더 집중적으로 논의해 보도록 하겠다. 1986년 개혁은 점진적인 민영화의 물꼬를 터 공–사 연금 간의 균형을 역전시킨 구조 개혁이었다. 또한 1986년과 1995년의 보수적 개혁은 장기적으로는 엄청난 규모의 연금이 삭감될 개혁이었다. 그렇다면 이런 공적연금 개혁이 왜 영국에서는 광범위한 대중적 저항을 유발하지 않고 성공할 수 있었을까? 공적연금을 대체할 개인연금의 도입은 오히려 폭발적 인기를 누리기도 했던 것이다.

정당: 권력 자원과 권력관계

일단 정책 결정의 체계로서 정치제도에 초점을 둔 설명이 가능할 것이다. 피어슨은 영국과 같은 다수제 모델에서는, 공적연금에 대한 대중의 이해관계가 깊게 뿌리내리지 않은 상태에서라면, 의회에서 다수를 차지한 정부는 얼마든지 원하는 것을 할 수 있다고 보았다(Pierson 1994, 33). 특히 압도적 다수solid majority일수록 정부는 자신이 원하는 것을 하기 쉽다는 것이다.

그러나 당시 1986년 개혁과 1995년 개혁 당시 하원의 의석 분포를 보면 이런 설명이 꼭 맞지는 않는다. 1986년 〈사회보장법〉을 통과시켰던 1983~87년 임기의 의회 구성을 보면 보수당은 전체 650석 중 397석을 차지해 압도적 다수를 이루고 있었다. 그러나 1986년 연금 개혁에서 대처 정부는 안팎의 반발에 부딪혀 원안에서 많이 후퇴한 안을 통과시킬 수밖에 없었다. 반면, 1995년 개혁안이 통과되었던 1992~97년간 정부는 과반에서 겨우 21석을 초과한 의석을 가지고 있었고 이마저도 보궐선거에서의 패배로 위태로워지고 있었다. 그러나 정부는 자신의 원안을 거의 그대로 통과시킬 수 있었다. 즉 의회에서의 (압도적) 다수 여부가 꼭 정부가 원하는 연금 개혁을 관철하는 충분조건은 아닌 것이다.

한편 보놀리는 기본적으로는 신제도주의적 입장을 취하기는 하지만, 정당 간 경쟁 정치의 관점을 도입해 보수당 정부하에서의 연금 개혁 정치를 좀 더 정교하게 설명한다. 보놀리는 다수제 모델하에서 다수 정부는 법적·제도적으로는 자신이 원하는 것을 입법할 수 있지만, 그것이 다음 선거에서 정권을 잃을 위험을 만들어 낸다면 자제할 것이라고 본다. 즉 정부 정책에 불만이 쌓이면 차기 선거에서 표가 다른 정당으로 이동할 것이기 때문에 재선을 원하는 정부는 선거 패배의 위험을 줄이기 위해 다양한 이해관계를 고려한 정책을 채택한다는 것이다. 그러나 집권 정부가 그런 정책을 채택하기 위해서는 한 가지 중요한 전제 조건이 필요하다. 즉 다음 선거에서 승리할 가능성이 있는 경쟁 정당이 존재해야 한다는 것이다. 이럴 때만 정당 간 경쟁 정치는 정부의 권력 행사에 대한 효과적인 견제책이 될 수 있다.

그러나 보놀리에 따르면 영국의 1986년이나 1995년 연금 개혁은 정부가 그런 위협을 느낄 만한 경우가 아니었다. 노동당은 1970년 후반 이후 최악의 지지율을 기록하고 있었다. 그리고 이런 분위기 속에서 자유-사회민주연합이 양당 체제를 위협할 만한 제3당으로 부상하고 있었다. 요컨대 야당이 분열되어 있었던 셈인데 영국과 같은 소선구제-최다수제를 채택하고 있는 나라에서, 이런 구도는 야당의 집권 가능성을 매우 희박하게 만든다. 즉 득표율이 의석수에 비교적 근사하게 반영되는 비례대표제와 달리, 최다수제를 채택하고 있는 영국의 선거 체제하에서는 2위 이하의 후보들에게 던진 표는 모두 사표가 되기 때문이다. 즉 보놀리는 대륙 유럽 나라들과는 다른 이런 독특한 정치제도에, 야당 분열이라는 조건이 겹치면서 대처 정부가 연금 개혁을 비롯한 여러 급진적 개혁을 추진할 수 있었다고 본다.

　이런 보놀리의 설명은 기본적으로는 신제도주의자의 것이다. 그는 영국의 특수한 정치제도가 급진적 연금 개혁을 가능하게 했을 뿐만 아니라, 연금을 비롯해 전후 타협에 기반한 여러 정책들을 뒤집는 정책 선회를 촉진한 측면이 있다고 주장한다(Bonoli 2000, 68).

　그러나 그가 자신의 설명에 정당 간 경쟁이라는 요소를 끌어들이고 있는 것은 사실상 정치제도가 정책 변화의 하나의 조건이며 — 매우 중요한 조건이기는 하지만 — , 궁극적으로 그 위에서 벌어지는 행위자들의 권력관계가 정책 변화를 결정하는 핵심적 요소임을 인정하는 것이라고 할 수 있다. 즉 그의 설명은 전형적인 신제도주의의 틀을 벗어나고 있는 셈이다. 실제로 1980~90년대 보수당 정부하의 연금 개혁은 이런 정당 간, 사회 세력 간 이해관계와 권력관계를 면밀히 들여다볼 때에만 제대로 설명할 수 있다.

　권력관계라는 관점에서 볼 때 보수당 정부하에서 급진적 연금 개혁이 가능했던 가장 중요한 이유는 역시 노동당의 약체성이다. 1970년대 경제 위기 상황에서 집권했던 노동당 정부는 이 위기를 제대로 수습하지 못하고 우왕좌왕했으며, 이 과정에서 전통적 지지자들과 중간층 모두로부터 지지를 잃게 되었다.

　앞서 기술한 대로 노동당은 1974년 선거 직전 노총인 TUC와 사회 협약을 체결했으나 최악의 경제 위기 속에서 임금 억제를 대가로 한 복지 확대라는 노조와의 약속을 지키지 못했다. 이는 노동자계급의 실망과 분노를 부채질했으나 노동당 정부는 계속 임금 억제만을 요구하면서 경제 위기의 부담을 노조에 떠넘겼다. 게다가 재정 위기를 수습하기 위한 증세는 중간계급뿐만 아니라 노동자계급에게도 무거운 부담으로 떨어져 이들의 생활을 압박했다. 이에 따라 1970년대 후반으로 가면 노동자계급 내에서는 노동당과 '복지국가의 약속'에 대한 환멸이 만연하게 된다. 그리고 노동자계급의 일부, 그중에서도 비교적 상층에 속하는 분파들은 보수당의 각개격파 전략에 견인되어 보수당 지지자로 돌아섰다(김영순 1996, 183-4).

중간계급 역시 상당수가 노동당과 케인스주의적 복지국가에 대한 지지를 철회했다. 제2차 세계대전 이후 1970년대 초에 이르기까지 영국의 중간계급은 대체로 복지국가에 우호적이었다. 이들은 노동자계급보다 높은 조세를 부담했지만, 그 반대급부로 '중간계급을 위한 복지국가'라는 표현이 등장할 정도로 많은 이익을 얻었다(Le Grand 1987; Le Grand & Winter 1987). 그러나 복지국가에 대한 중간계급의 긍정적 이해관계는 1970년대 중반을 경과하면서 크게 변화했다. 1974~77년간 15~24.5%에 달했던 인플레이션은 이들에게도 역시 생활수준의 하락을 강제했다. 게다가 인플레 속에서 명목임금이 상승하자 이들은 과세기준상보다 높은 소득군에 속하게 됨으로써 과거보다 훨씬 큰 조세 부담을 지게 되었다. 게다가 신보수주의자들의 이데올로기 공세는 중간계급의 불만에 기름을 끼얹는 역할을 했다. 신보수주의자들은 모든 문제의 근원은 법과 질서를 무시하고 파업을 일삼는 노조, 자조의 노력을 포기한 채 국가 복지에 의존하는 '복지 구걸자들', 그리고 궁극적으로는 이들을 비호하며 복지국가를 과잉 비대화시킨 노동당에 있다고 선전했던 것이다.

이런 상층 노동자 및 중간계급의 이반은 1979년 선거에서 노동당이 대패하는 것으로 나타났다. 〈표 4-3〉이 보여 주듯이, 보수당은 1974년에 비해 전통적인 지지 기반인 중간계급(A, B, C1)으로부터 더 많은 표를

표 4-3 | 영국의 계급 투표 추이(1964~97년)

단위: %

	1964년	1974년(10월)	1979년	1983년	1987년	1992년	1997년
A, B, C1							
보수당	65	56	59	55	54	54	39
노동당	20	19	24	16	13	22	34
자유당(→ 자유–사회민주주연합 → 자유민주당)	13	21	15	28	30	21	20
C2							
보수당	34	26	41	40	42	39	27
노동당	54	49	41	32	35	40	50
자유당(→ 자유–사회민주주연합 → 자유민주당)	11	20	15	26	21	17	16
D, E							
보수당	31	22	34	33	31	31	21
노동당	59	57	49	41	46	49	59
자유당(→ 자유–사회민주주연합 → 자유민주당)		16	13	24	20	16	13

주: A는 고위 경영·행정·전문직, B는 중간 관리·행정·전문직, C1은 감독·회계직 및 하위 경영·행정·전문직,
　　C2는 숙련노동자, D는 반숙련노동자, E는 미숙련노동자 및 국가 급여 생활자.
자료: Butler(1988, 315); Evans(2000, 405).

얻었다. 또한 노동자계급 상층인 숙련노동자층(C2)으로부터도 15%나 많은 지지를 얻었고 노동자계급의 하층인 반숙련노동자층(D)과 미숙련 노동자층(E)으로부터도 12%나 많은 지지를 얻었다. 반면, 노동당은 중간계급 이상으로부터 5% 지지가 증가했으나 전통적 지지 기반이던 상층과 하층 노동자계급으로부터 각각 8%의 지지를 잃었다. 이후 1980년대 내내 노동당은 모든 계층에서 득표율이 하락했고 대안적 수권 세력으로서의 위치를 잃어버렸다.

　노동당은 이런 외환外患뿐만 아니라 내우內憂에도 시달리고 있었다. 1979년 선거 패배 이후 당의 진로를 둘러싸고 당내 좌우파는 사사건건 대립을 거듭했고 우파 의원 일부가 탈당하고 사회민주당이 창당하게 되었던 것이다.

　이처럼 노동당이 권력 자원을 상실한 것이, 보수당 정부가 급진적

연금 개혁을 실시할 수 있게 된 가장 중요한 권력 관계적 변수였음은 의문의 여지가 없다. 노동당은 일관된 입장을 가지고 보수당의 공세를 막아낼 수 없었고, 잠재적 집권 세력으로서 보수당의 행동을 통제할 수도 없었던 것이다. 연금 문제를 둘러싸고 노동당은 자신이 집권하면 보수당의 개혁을 되돌리겠다는 주장만 폈을 뿐 효과적인 저지책은 구사하지 못했다.

한편 보놀리는 보수당의 일방적 연금 개혁을 가능하게 한 또 하나의 세력 관계로 야당의 분열을 들고 있는데 이 역시 매우 흥미로운 지점이다. 〈표 4-3〉에서 보듯이, 노동당의 득표율은 노동자계급에서 1979년 크게 하락한 후 1980년대 말까지 거의 회복하지 못했다. 이 표들은 대부분 보수당으로 흘러들어 갔지만, 제3당인 자유당과 자유-사회민주연합Liberal-Social Democratic Party Alliance으로도 이동했다.

제2차 세계대전 이후 보수-노동 양당 체제하에서 쇠락의 길을 걸어왔던 자유당은 1970년대 이후 양대 정당에 대한 유권자들의 불신이 심화되면서 그 반사이익을 통해 지지율을 높여 갔다. 여기에 1979년 선거 패배 이후 노동당으로부터 떨어져 나온 우파 의원들이 사회민주당을 만들었고[18] 사회민주당이 자유당과 연합해, 즉 자유-사회민주연합을 만들어 선거에 참여하면서 기존의 양대 정당을 위협하는 제3의 정파로 부상했다. 양당은 선거연합의 수준을 넘어서서, 1988년 자유민주당The

---

18_1979년 선거에서 패배한 이후 노동당 내에서는 당 노선을 둘러싼 갈등이 심화되었고 이 과정에서 당 우파 4인방은 9명의 동조 의원들과 더불어 탈당했다. 이들은 1980년 3월 사회민주당을 창당했으며 1년이 못 되어 사회민주당 소속 의원 수는 29명으로 늘었다.

Liberal Democrats이라는 이름으로 통합했다.

이런 제3당의 부상은 영국과 같은 양당 체제에서는 야당의 분열 및 선거 패배를 의미하는 것이고, 여당의 독주와 일방적 정책 결정을 조장하는 요소라고 할 수 있다. 보놀리가 주목했던 것은 바로 이런 측면이었다. 즉 야당의 분열은 여당이 연금 개혁에서 마음대로 할 수 있는 조건을 만들었다는 것이다.

그러나 이자벨 슐체와 마이클 모런은 이런 제3당의 부상이 가져온 연금 정치의 좀 더 미세한 측면을 조명하면서 정반대의 주장을 하고 있다(Schulze & Moran 2007). 제3당의 부상은 연금 개혁에서 보수당의 일방적 정책 결정을 도와준 것이 아니라 오히려 그것을 완화시킨 요소였다는 것이다. 이들에 따르면 최다수제와 야당 분열이 보수당을 자동적으로 '책임성' 문제로부터 자유롭게 한 것은 아니었으며, 연합의 부상은 보수당의 과반수를 장담하기 어렵게 만들었다. 그것은 '이해관계의 지정학적 분포'와 연관되어 있었다.

1980년대 이전에는 노동당과 보수당이 전국의 거의 모든 지역구에서 1, 2위 차지했다. 그러나 1983년 선거에서는 자유-사회민주연합이 300개 이상의 투표구에서 2위를 차지했다. 이로써 지역적으로 보면 양당 구도이기는 하나, 남부 잉글랜드에서는 연합과 보수당이 경쟁하고, 북부 브리튼에서는 노동당과 보수당이 경쟁하는 3당에 의한 양당 구도가 만들어진 것이다(Berrington 1988, 117; Schulze & Moran 2007에서 재인용).

3당이 얽혀 든 이 같은 양당 구도는 연금 개혁을 위해 1985년 녹서를 발행했을 당시 보수당을 크게 분열시켰다. 야당의 세가 지역적으로 분산되어 있었기 때문에, 보수당은 각 선거구에서 야당 표를 나눠 갖는 두 명의 야당 후보가 아니라 강력한 하나의 도전자와 마주하게 되었다.

즉 보수당은 잉글랜드 남부에서는 자유-사회민주연합의 후보와, 북부 브리튼에서는 노동당 후보와 경쟁했다. 한 선거구에서 노동당과 사회 민주당 후보가 모두 출마해 보수당에 어부지리를 안겨 주는 경우는 매우 드물었다. 결국 보수당 입장에서 볼 때 1위를 하지 못할 위험은 여전히 존재했다. 그런데 사회민주당은 1980년대에 보수당의 핵심 지역구인 잉글랜드 남동부의 금융 및 성장 산업 지구에서 인기가 높았다. 사회민주당은 이들 금융·성장 산업 지구의 '부유한 영국'의 지역민들에게, 대처 정부 같은 근본주의적 보수당 정부의 인기가 없어졌을 때 노동당의 귀환을 막을 수단으로, 그리고 1970년대 좌-우로 왔다 갔다 했던 보수-노동당 교차 집권의 위험을 피할 좋은 대안으로 인식되었던 것이다 (Stephenson 1982: 89-90; Crew & King 1995, 247-8). 게다가 잉글랜드 남동부는 연금 산업의 대부분이 위치해 있는 지역, 그리고 투자 및 경영이 이루어지는 지역이기도 했다. 여기서 자유당은 1983년 모든 지역구에서 제2당을 차지했다.

결국 선거에서 자유당이나 사회민주당 후보에게 패배할 위험이 컸던 잉글랜드 남동부의 보수당 후보들은 연금 산업이나 기업 고용주들이 반대했던 녹서의 급진적 연금 개혁안, 즉 SERPS를 완전히 폐지하고 개인연금으로의 외부 대체를 확대하는 개혁안에 반대하게 된다. 즉 지정학적으로 분열된 보수당이 급진적 연금 개혁안을 지지하는 분파와 이를 완화하고자 하는 분파로 분열된 것이다(King & Wybrow 2001, 39; Schulze & Moran 2007에서 재인용). 대처 정부가 1986년 최초의 안에서 크게 후퇴한 연금 개혁안을 통과시킨 것은 이런 당파 정치로부터 영향을 받은 바 적지 않다고 봐야 할 것이다. 바로 이 때문에 슐체·모런은 외부 대체와 연금 민영화 추진은 연금 산업 이익의 지역적 분포를 고려하면 더 잘 이해될 수 있다고 주장한다. 그리고 보수당은 선거 전략상 매우 합리적인 선택을 했다고 주장한다. 1986년 연금 개혁은 직업연금과 관련된 남동부 연금 산업의 기존 이해관계를 침해하지 않으면서 개인 연금이라는 새로운 시장을 열어 주는 방식으로 남동부 기업(=금융 산업)의 이익에 부합하는 것이었다. 또한 그것은 자유-사회민주연합의 정책을 선제 봉쇄하며, 결정적인 남동 지역구들에서 핵심적 이반 투표자들 swing voters이었던 연금 소득자와 노인층을 구슬리는 전략이었다(Schulze & Moran 2007, 85).

상대적으로 진통이 크고 상당 정도 후퇴한 1986년 개혁에 비해 거의 원안 그대로 통과된 1995년 연금 개혁 또한 이런 관점에서 설명될 수 있다. 1987년 선거에서는 모든 야당이 연합해 보수당을 실각시켜야 한다는 주장이 제기되었으나 현실화되지는 못했다. 그리고 1983년 25.4%를 득표하면서 보수당을 위협했던 자유-사회민주연합의 득표율은 12.8%로 반 토막이 났다. 결국 1988년 연합은 해소되고 두 당은 자유민주당으로 합병했다. 과거 '보수-노동 양강+자유 1약' 체제 비슷한 것으로의 복귀가 이루어진 것이다. 이로써 그리고 정당 간 경쟁에서 지역 간 차이는 약해졌고, 정당 경쟁도 더욱 예상 가능하게 되었다.

이런 상황은 보수당 존 메이저John Major 정부가 자신의 정책을 강하게 추진하더라도 다음 선거에서 유권자들로부터 심판을 받게 될 위험이 줄었음을 의미했다. 1995년 연금 개혁은 결국 거의 정부 원안을 손대지 않는 형태로 이루어졌다. 이렇게 본다면 야당의 분열은 전형적인 신제도주의적 견해와는 달리, 1986년 개혁의 급진성을 높이고 여당의 일방적 정책 결정을 조장한 변수가 아니라 오히려 반대안을 수용하고 개혁의 수위를 낮추는 구실을 했다고 봐야 할 것이다. 그리고 이는 제도보다는 권력 자원, 그리고 권력 자원을 기반으로 한, 특정 국면에서의 권력관계가 정책 결정에 더 중요하다는 사실을 보여 준다.

행위자와 정책 네트워크

연금 개혁을 둘러싼 각 정당의 입장과 힘의 관계는 연금에 대한 유권자들의 이해관계와 힘의 관계에 크게 영향을 받는다. 이제 연금 개혁에 대한 행위자들의 이해관계가 어떻게 서로 연결되고 조직화되었으며 그것이 정당들의 입장과 어떻게 연관되어 있는지 살펴보자.

연금 문제에 대한 보수당의 기본 입장은 '작은 국가와 개인 책임'이라는 논리에 확고히 뿌리박고 있었다. 이 원칙을 관철하기 위해 대처 정부는 처음에는 SERPS의 폐지를 통해 공적연금을 잔여화하려 했으나, 그것이 여의치 않자 SERPS의 삭감과 민영화를 통해 공적연금을 점진적으로 축소하는 쪽으로 돌아섰다. 그리고 나서는 이 '축소'를 가능한 한 애초에 대처 정부가 설정했던 목표, 즉 '노후보장의 개인 책임'에 가까운 것으로 만들기 위해 다양한 전략들을 구사했는데, 그 핵심은 '분할통치' 전략이었다. 그리고 이 과정은 기존의 정치적 지지 기반을 단단히 하고 새로운 지지 기반을 확보하는 작업이기도 했다.

대처 정부의 SERPS 폐지나 축소는 보수당의 주요 지지 기반인 중간계급과, 1979년 선거 이후 점차 대처 정부의 지지 기반으로 편입되고 있던 상층 노동자계급에게는 큰 변화를 가져오지 않을 정책이었다. 오랜 진통 끝에 블루칼라와 화이트칼라를 2층 공적연금 체계로 통합해 들이면서 직업연금의 위치를 부차화시켰던 스웨덴과 달리, 영국에서는 1976년 SERPS를 도입하면서 직업연금으로의 외부 대체를 인정했다.

이에 따라 노동시장에서 유리한 위치를 점하고 있던 화이트칼라나 상층 육체노동자들은 SERPS에 가입하지 않은 채, 이미 확보하고 있던 직업연금에 머물렀다. 이들은 이미 직업연금을 중심으로 노후를 설계하고 있었기 때문에, SERPS의 존폐는 이들의 이해관계와 별 상관이 없었다. 즉 SERPS의 폐지나 삭감 정책 때문에 보수당의 전통적 지지 기반으로부터 표를 잃어버릴 위험을 처음부터 안고 있지 않았던 것이다.

결국 SERPS의 폐지나 삭감으로부터 크게 영향받을 사람들은, 괜찮은 직업연금을 확보할 수 없었던 저소득층, 즉 과거 주로 노동당을 지지해 왔던 집단들이었다. SERPS는 공적연금으로서 민간연금에 비해 재분배적 성격이 훨씬 강했다. 특히 '최고 소득 20년' 규정은 지속적인 기여 경력full contribution record을 갖지 못한 사람들에게 유리한 요소였다. 따라서 최종안에서 '최고 소득 20년' 규정을 '평생 소득' 규정으로 바꾼 것, 그리고 급여율을 삭감한 것은 결국 직업연금을 가지지 못한 채 SERPS에 남아 있기를 선택한 사람들에게만 해당하는 복지 삭감이었던 셈이다.

한편 보수당은 SERPS에서 탈퇴와 개인연금 가입을 촉진하기 위해 막대한 재정 부담을 감수하면서까지 2%의 조세 환급금을 제공했다. 그러나 이 '2%의 뇌물'에 열광적으로 반응해 SERPS로부터 빠져나와 개인연금에 가입한 사람들 가운데 상당수는 SERPS에 남아 있는 편이 유리한 사람들이었다. 저소득층·비정규직·여성 등 경력 단절이 잦고 소득이 낮은 사람들은 SERPS에 머무르는 것이 유리했던 것이다.

녹서 발표 이후 나온 여러 반응에 대해서도 보수당은 명확히 정치적인 고려 속에 반응했다. 전통적 지지 세력이면서 강한 영향력을 가지고 있는 이익집단들에 대해서는 상당한 양보 조치가 취해졌다. 즉 보수당 정부는 직업연금의 인구학적 균형 및 이중 지불 문제를 고려할 때 SERPS

의 폐지는 불가하며, SERPS를 존속하되 향후 비용 문제를 고려해 급여를 삭감해야 한다는 CBI와 전국연기금연합회의 주장을 거의 수용해 최종 법안을 만들어 냈다. 반면, 자신의 편이 될 수 없는 TUC나 시민운동 단체들의 비판은 묵살로 일관했다. SERPS의 폐지나 삭감을 반대했던 TUC의 주장, 기초연금을 강화해야 한다는 노후협회의 주장은 전혀 고려의 대상이 되지 못했다.

결과적으로 볼 때 대처 정부는 이렇게 정책 연합을 구성함으로써 자신이 원하는 것에 근접한 연금 개혁에 성공할 수 있었다. 그리고 이를 통해 여러 정책적·정치적 이익을 챙길 수 있었다. 즉 상당수의 저소득층을 개인연금 가입자로 만듦으로서 근본주의적 신자유주의 정부의 신념대로 가난한 자들이 국가에 기대지 않고 노후를 각자 알아서 해결하도록 하는 계기를 만들었다. 또한 연금 민영화의 물꼬를 터, 설령 노동당이 다시 정권을 장악한다 할지라도 이를 되돌리기 어렵게 함으로써 장기적으로 '큰 국가'로 복귀하지 못하도록 쐐기를 박았다. 마지막으로 2%의 혜택을 받으면서 새로 개인연금을 갖게 된 일부는, 매각된 공영주택 구매자처럼 대처리즘의 '재산 소유 민주주의'의 지지자가 되었다. 결국 대처 정부는 연금 개혁을 통해 신규 지지층을 확대했을 뿐 정치적으로 별 손상을 입지 않았다. 연금 개혁으로부터 손해를 보는 사람들은 영국 정책 결정 구조의 특성상 정책 결정 과정에서 거의 영향력을 갖지 못한 집단이었던 것이다.

반면, 1986년의 연금 개혁 과정은 노동당과 노조를 비롯한 사회 연대적 공적연금을 지키려는 세력의 무능과 무기력을 그대로 드러냈다. 노동당은 1979년 선거 패배의 후유증에서 벗어나지 못한 채 좌우파 간의 분열에 휩싸여 있었다. 영국 경제의 체질 개선과 복지국가의 재건을 위해 더 많은 국가 개입을 요구하는 당내 좌파와, 이제 케인스주의의 시대는 갔다고 보고 신자유주의를 수용해 당 노선을 새롭게 정립하기를 원하는 우파 간의 갈등은 쉽게 정리되지 않았다. 이 내홍은 마침내 1980년 우파 4인방 의원들의 탈당과 사회민주당의 결성, 그리고 1983년 선거에서 사회민주당과 자유당의 선거연합으로 이어짐으로써 노동당의 득표율을 떨어뜨렸다. 1983년 노동당의 득표율은 1979년보다 10% 가까이 하락한 전후 최악의 것이었다. 이런 충격적인 패배 이후 시작된 연금 개혁 과정에서 노동당은 적절히 대응하지 못했다. 자신이 집권하면 개혁을 번복하고 과거로 되돌리겠다는 것이 노동당의 무력한 대응이었다.

한편 SERPS의 폐지나 삭감을 반대했던 세력 중 가장 강력한 이익집단이었던 노조 역시 무력하고 무능한 모습을 보여 주었다. TUC는 SERPS의 폐지를 강도 행위라고 비난했으나 사실상 보수당 정부의 연금 개혁에 반대하는 투쟁과 공동 투쟁을 위한 연대에 적극적으로 나서지 않았다. 여러 가지 이유가 있겠으나 먼저 노조가 보수당 정부 출범 이후 대처 정부와 거의 사활적인 대립을 벌인 끝에 탈진 상태에 있었다는 것이 중요하다. 대처 정부는 수차례 〈고용법〉과 〈노사관계법〉 개정을 통해 노조의 조직력을 약화시켰다. 1979~89년간 산업 전반의 구조조정 추세 속에 이런 정책들이 맞물리면서 노조의 조직률은 15% 가까이 떨어졌다. 또한 대처 정부는 노조의 파업에 단호하고 강경한 자세를 취함으로써 노조의 전투성을 약화시켰다. 특히 1년간이나 지속되면서 노조와 정부가 거의 사투를 벌이다시피 했던 1984년 탄광 노조 파업에서 정부는 강경 대응으로 마침내 노조를 굴복시켰고, 이후 영국 노동운동을 좌절과 패배감 속으로 몰아넣었다(Marsh 1992, 554-81; 119-125). 연금 개혁은 바로 이 직후에 기획되고 진행되었으며, 노조는 정부안에 대한 반대를 효과적으로 조직화하는 데 별 힘을 발휘하지 못했다.

둘째, 노조들이 모두 SERPS에 대해 동일한 입장을 가진 것이 아니었다는 점도 중요하다. 즉 노동시장에서 비교적 유리한 위치를 점하고 있던 숙련노동자들, 혹은 고임금 직종의 노동자들은 이미 고용주와의 협약에 의해 직업연금에 가입해 있었고, SERPS와 무관한 경우도 많았다. 이는 SERPS의 도입 당시 노동당 정부가 취한 정책, 즉 기존의 확정급여형 직업연금으로 SERPS의 외부 대체를 허용한 사실에서 비롯된다. 영국에서는 직업연금으로 SERPS의 외부 대체를 허용했고, 이는 직업연금이 확대될 수 있는 여지를 남겨 놓은 것이었다. 결국 노조원들 중에서도 상당수는 직업연금의 가입자가 됨으로써 SERPS 개혁에 대해 한 목소리를 낼 여지가 줄어들게 되었다. 이것이 여타 국가의 노조와는 달리 TUC가 연금 개혁을 온힘을 다해 저지하지 않은 또 하나의 이유라 할 수 있다.

이와 같은 노동당의 무능과 무력화, 노조의 탈진과 공적연금 삭감에 대한 소극적인 태도는, 공적연금 방어 세력의 힘이 그 어느 때보다 취약했음을 의미한다. 반면, 보수당 정부는 자신의 지지 기반의 요구를 반영해 연금 개혁의 지지 세력을 결집하고 새로운 지지 집단을 포섭해 개혁을 추진할 힘을 확보했다. 이것이 결국 1986년 개혁과 1995년 후속 개혁을 가능하게 한 권력관계였다고 할 수 있다.

제5장

신노동당 1차 연금 개혁

1986년 대처 정부에서 공-사 연금 간의 균형을 뒤바꿀 획기적인 연금 개혁이 이루어졌을 때 노동당은 자신이 집권한다면 보수당의 개혁을 되돌려 과거의 연금제도로 돌아가겠다고 선언했다. 그러나 1997년 드디어 권력을 장악한 노동당은 그렇게 하지 않았다. 노동당은 연금 개혁에 나섰지만 과거의 공언대로 SERPS를 복구하는 것이 아니라 보수당 개혁의 기조를 유지하면서 그 문제점들을 보완하는 선에 그쳤다. 민영 연금의 비중이 높은 기존의 연금 체계를 받아들이되 그 폐해를 시정하는 것, 즉 저소득층의 노후소득보장을 강화하고 유연한 노동시장에 맞는 새로운 연금제도를 도입하는 것이 그 골자였다. 요컨대 1990년대 말 노동당 정부의 연금 개혁은 1980년대 이후 영국의 연금 개혁을 지배해온 민영화·자유화·개인화의 논리를 계승하되, 그 부작용을 약간 교정하는 데 그친 것이다.

그렇다면 18년 만에 권력을 탈환한 노동당은 왜 대처 정부의 신자유주의적 연금 정책을 고수했는가? 그리고 이는 어떤 결과를 가져왔는가?

1. 제3의 길과 복지국가[1]

제3의 길과 신노동당

1997년, 노동당은 18년 만에 재집권했다. 그러나 귀환한 노동당이 들고 온 깃발은 이전의 것과 크게 달랐다. 전통적 사회민주주의 대신 '제3의 길'이, 그리고 보편적 복지국가 대신 '사회투자국가'가 깃발에 새겨져 있었다. 1997년 이후 노동당 정부의 연금 개혁을 이해하기 위해서는 무엇보다도 이런 영국 노동당의 정치 노선 전환, 그리고 복지국가관의 전환을 이해해야 한다.

1990년, 총선을 2년 앞둔 노동당은 재집권이 가능하다는 희망에 부풀었다. 신자유주의적 개혁의 폐해에 대한 대중의 염증과, 대처의 장기 집권에 대한 피로감이 점차 고조되고 있었다. 집값 폭등으로 거리를 방황하는 노숙인들이 속출했으며, 여기에 15%를 넘는 고금리와 8%를 넘는 인플레로 보수당 정부의 인기는 1979년 이래 최악으로 떨어졌다. 여

1_이 부분은 김영순(1997a; 1997b; 2007)에서 발췌·정리했다.

론조사들은 노동당의 지지율이 보수당의 그것보다 20%나 앞서고 있음을 보여 주었다.

이런 상황에서 불거진 소위 '인두세poll tax 파문'은 대처 정부의 인기를 바닥에 떨어뜨렸다. 대처 정부는 그동안 주택에 부과되던 재산세를 폐지하는 대신, 18세 이상의 모든 국민에게 연 300파운드 정도(구체적 액수는 지방자치단체마다 다르다)의 주민세를 부과하는 법안을 통과시켰다. 재산이나 소득의 과다에 상관없이 모든 성인에게 같은 액수를 부과한다 하여 일명 현대판 인두세로 불렸던 이 세금은 당연히 저소득층에게 부담이 될 것으로 전망되었다.[2] 주택을 소유한 부유층의 세금을 면제해 주고, 이를 모든 국민에 분산시켜 결국 저소득층의 세 부담을 높이는 이 정책은 거센 조세 저항을 불러일으켰고 반인두세 시위는 전국으로 확대되었다. 이 와중에서 치러진 보궐선거들에서 보수당은 여러 곳에서 참패했다. 노동당이 충분히 재집권을 꿈꾸어 볼 만한 상황이었던 것이다.

그러나 1992년 선거 결과는 보수당의 승리였다. 대처는 1990년 11월 보수당 당수 경선 1차 투표에서 당선에 실패하자 자진사퇴했고, 재무부 장관인 존 메이저가 새 총리로 선출되었다. 새 지도자를 내세워 총선에 나선 보수당의 득표율은 이전 총선보다 0.4%밖에 떨어지지 않았으며 노동당 득표율은 3.6%밖에 올라가지 않았다. 득표율과 의석수의 격차가 큰 영국 선거제도의 특성 때문에 보수당의 의석수 감소(375석에

2_저소득층의 조세 부담률은 무려 33%나 증가할 것으로 예상되었다.

서 336석으로)와 노동당의 의석수 증대(229석에서 271석)는 득표율보다 변화가 컸지만, 보수당은 의석수에서도 상당한 격차로 승리했다. 이로써 보수당은 4기 연속 집권을 달성했다.

권력이 코앞에 다가온 듯 행동했던 노동당은 큰 충격에 휩싸였다. 그리고 이제 영영 수권 가능성이 없어진 것이 아닌가라는 당 안팎의 의구와 우려 속에서 당의 이념과 노선에 대한 고통스럽고 근본적인 재검토에 착수했다. 후에 '제3의 길'로 구체화된 새로운 당의 이념과 노선, 정책은 이 과정에서 배태되었다. 이 새로운 이념과 노선, 새로운 정책에 기반해 '신노동당'New Labour으로 거듭난 노동당은 마침내 1997년 총선에서 대승을 거두고 18년 만에 권좌를 탈환했다.

그렇다면 제3의 길이라는 새로운 당 이념과 그것에 기반한 노선 및 정책은 어떤 것들이었는가? 그리고 이는 복지국가와 연금 정책에는 어떤 영향을 미쳤는가?

앞서 대처 정부 11년을 포함한 보수당 정부 18년의 지배는 영국 사회를 이전과는 크게 다른 모습으로 바꾸어 놓았다. 케인스주의적 복지국가에 대한 신뢰는 시장의 자기 조절적 메커니즘이라는 신화로 대체되었고, 경쟁과 효율성, 재산 소유 민주주의, 자조self-help의 고무, 복지 의존성 및 도덕적 타락에 대한 공격 등이 대중적 이데올로기로 자리 잡았다. 무엇보다도 증세는 이제 어느 정당에서도 정치적으로 거의 불가능한 것으로 인식되었다(김영순 1999b, 101-104).

제3의 길은 이런 정치적 상황에서, 수권 가능성까지 의심받게 된 노동당이 택한 노선의 대전환이었다. 토니 블레어는 그의 정치 이념의 스승인 앤서니 기든스의 정의에 따라 제3의 길을 전통적 사회민주주의와 신자유주의의 샛길로 규정한다. 즉 제3의 길은 경제에 대한 광범한 국가 개입, 집산주의, 케인스주의적 수요관리와 코포라티즘, 완전고용, 강한 평등주의, 포괄적 복지국가, 단선적 근대화론과 낮은 생태 의식으로 요약되는 전후 사회민주주의와, 최소 정부, 개인주의와 도덕적 권위주의, 자유 시장 근본주의, 사회 발전의 원동력으로서 불평등의 수용, 최소 안전망으로서의 복지로 요약되는 신자유주의의 중간 길이다(Giddens 1998, 7-8; Blair 1998, 1).

새로운 복지국가로서의 사회투자국가

그렇다면 이런 이념과 노선의 전환 속에서 복지 정책은 어떻게 재정립되었는가? 구舊사회민주주의 원칙에 비교적 충실한 당의 '전통주의자들'traditionalists은 복지를 개선하기 위해서는 증세가 불가피하다는 과거의 입장을 견지했다. 실제로 복지 수요에 대한 어떤 진지한 조사도 악화 일로에 있는 급여와 서비스를 개선하기 위해서는 돈이 더 필요하다는 결론으로 귀결되었다. 그러나 이것은, '현대화론자'modernizers라고 불리는 신노동당의 주류들에게는 선거 전략상 생각할 수 없는 대안이었다.

증세가 불가능하다면 남은 대안은 두 가지였다. 하나는 악화되고 있던 급여와 서비스 수준에 눈 감으면서 관성적으로 보편주의의 틀을 유지하는 것, 다른 하나는 전후 50년간 유지해 왔던 보편주의적 지향에서 후퇴해 대처가 강력히 고무했던 '잔여주의'residualism로 선회하는 것이었다. 이 역시 어느 쪽도 노동당으로선 흔쾌히 선택할 수 없었다.

이런 상황은 복지 개혁을 "생각할 수 없는 것을 생각해 내어야"think the unthinkable 하는 어려운 작업으로 만들었다(Hargreaves & Fleming 1996, 1). 그리고 이는 복지국가와 관련된 모든 쟁점을 근본적으로 재고

하게 만들었고 격렬한 당내 논쟁을 촉발시켰다. 이런 논쟁은 결국 복지국가의 제3의 길이라 할 수 있는 사회투자국가론으로 정리되는데, 영국에서 이 아이디어의 직접적 기원은 1994년 출간된 노동당 사회정의위원회의 보고서, "사회정의: 국가 재생을 위한 전략들"Social Justice: Strategies for National Renewal이다(Commission on Social Justice 1994).

앞서 언급한 바와 같이 노동당은 1992년 선거에서 패배한 후 당의 이념과 노선에 대해 근본적인 재검토에 들어갔는데, 복지 부문에 대한 결론이 바로 베버리지보고서 50주년을 기념해 만들어진 1994년 사회정의위원회 보고서다. 사회정의위원회 보고서는 "경제정책과 사회정책이 불가결하게 연결되는 것은 바로 투자를 통해서"이며, "숙련·연구·기술·보육, 그리고 커뮤니티의 발전 등에 대한 높은 수준의 투자야 말로", "지속 가능한 발전의 선순환 구조의 첫걸음이자 마지막 걸음"이라고 주장했다(Commission on Social Justice 1994).

이런 입론에 이론적 기초를 제공한 것은 저명한 사회학자로서 노동당 집권 후 블레어의 정치 고문이 된 기든스였다. 기든스는 대량생산의 종언 및 기술 변화, 그리고 지구화의 과정 속에서 자본주의가 역전 불가능한 변화를 겪었으며, 이에 따라 기존의 케인스주의적 복지국가는 더는 유지될 수 없다고 주장했다. 게다가 현재의 복지국가는 질병과 실업 등 사회적 위험에는 어느 정도 안전망이 되어 주지만 이는 수동적 위험 체계passive risk system에 불과할 뿐, 애초의 이상이었던 빈곤의 퇴치나 부의 재분배에는 별 역할을 하지 못하고 있다고 진단했다.

따라서 그는 지구화 시대에도 국가가 여전히 평등과 민주주의의 증진을 위해 개입해야 하지만 그것은 이전과 같은 형태의 직접적 소득재분배가 아니라 고용의 재분배, 교육과 노동력의 재훈련 등을 통한 '기회의 재분배'가 되어야 한다고 본다. 또한 그 수단 역시 과거와 같은 직접적 개입보다는 사적 부문의 당사자들의 이니셔티브와 합의 아래 이런 목표들이 달성될 수 있도록 사회적 파트너십의 제도적 연결망을 제공하는 것이다. 이렇게 될 때 국가는 사람들로 하여금 안심하고 기회에 도전할 수 있도록 도와주는 보험 체계로서의 '적극적 복지'positive welfare를 제공할 수 있으며, 이것이 새로운 복지 모델이 되어야 한다는 것이 그의 주장이었다(Giddens 1994; 1997; 1998).

이런 기든스의 주장에 따르면 이제 국가의 목표는 영국이 역동적인 시장경제, 유연한 노동력, 세계시장에서 강력한 경쟁 지위를 갖도록 하는 것이며, 국가의 역할은 자립과 자조를 도와주는 것enabling institution이다. 그리고 사회정책의 역할은 빈곤층을 표적화해 급여를 제공하고, 가장 소외된 지역에 사회 투자 프로그램을 깔고, 비빈곤층에게는 보육, 교육, 적극적 노동시장 정책을 통해 기회를 제공하는 것이다(Taylor-Gooby 2005, 126).

이런 기든스의 주장에 대해 전통주의자들은 의심스러운 눈초리를 보냈으나 현대화론자들은 그의 논지의 대부분, 특히 자본주의의 구조 및 국가의 역할 변화에 대한 통찰들을 대부분 수용했다. 그리고 당 노선 투쟁에서 블레어와 고든 브라운Gordon Brown을 중심으로 한 우파, 즉 현대화론자들이 승리하면서 사회정의위원회 보고서와 기든스의 주장들로 표현되었던 새로운 복지국가 비전은 '신노동당'의 공식 입장이 되었다. 그리고 이는 1996년 선거 강령에 이르기까지 일련의 당 문건들을 거치면서 사회투자국가론으로 구체화되었다.

그렇다면 사회투자국가는 제2차 세계대전 이후 서구에 뿌리내린 전통적 의미의 복지국가, 과거 노동당이 지향해 왔던 보편적 복지국가와는 어떤 점에서 다른가?(Giddens 1994; 1997; 1998; Blair 1997; 1998). 첫째, '과세와 지출'tax and spending 대신 사회 투자를 강조한다. 투자는 수익 return을 상정하는 개념이므로(Perkins et al. 2004, 33), 이제 복지 지출은 명확한 수익을 낳는 것이어야 한다.

둘째, 사회투자국가는 경제정책과 사회정책의 통합성을 강조한다. 사회 지출은 수익을 창출할 투자이기 때문에 곧바로 경제정책의 한 요소가 된다. 그런데 양자와의 관련에서 명백히 우위에 놓이는 것은 경제정책이다. 즉 사회정책은 성장과 효율에 복무할 때 의미를 갖게 되며, 사회정책과 경제정책이 충돌할 때 전자는 후자에 맞춰 조정되어야 한다(Lister 2004, 163).

셋째, 사회 투자의 핵심은 인적 자본 및 사회적 자본에 대한 투자다. 아동복지의 확대를 통해 생애 주기의 앞 단계에서 더 많은 기회를 갖도록 하고 저소득층의 생애 경로로 빠져드는 것을 방지하는 것, 청년 실업자를 비롯한 실업자들을 일자리로 복귀시키는 것, 그리고 비경제활동 상태에 있는 독신모를 비롯한 여성들을 경제활동에 참여시키는 것 등 노동력 활성화activation를 위한 적극적 노동시장 정책의 확대는 신노동당의 주창한 사회투자국가의 가장 핵심적 프로그램이었다. 사회투자국가론은 또한 좋은 인적 자원을 만들어 내는 사회적 맥락, 경제활동의 포괄적 기반으로서 사회적 자본을 강조한다. 지역사회community가 어린이와 더불어 사회투자국가의 또 다른 표장emblem이 되는 것은 이 때문이다(Lister 2002, 163).

넷째, 사회투자국가론에서는 사회 지출을 소비적 지출과 투자적 지출로 이분하기 때문에 소비적 지출을 가능한 한 억제하려 하며, 자산조사를 동반하는 표적화된 프로그램targeted program을 선호한다. 단 신자유주의 정부들보다는 표적화 집단을 조금 더 넓게 잡으며 급여도 좀 더 관대해진다. 영국의 경우 이는 '진보적 보편주의'progressive universalism라는 이름으로 정당화되었다(Lister 2004, 168).

다섯째, 시민권을 주로 권리의 측면에서 바라봤던 구좌파와 달리 신노동당은 시민의 권리는 의무와 균형을 이루어야 한다고 주장한다. 경제적 기회의 제공, 복지의 제공이 국가의 의무라면, 유급 노동을 통해 스스로를 부양하는 것은 시민의 의무라는 것이다(Lister 2002, 2-4; Williams & Roseneil 2004, 185-7). 복지를 대가로 근로의무를 부과하고 불응하면 급여를 삭감 혹은 박탈하는 근로연계복지workfare 정책이 대표적이다.

여섯째, 사회투자국가는 결과의 평등보다는 기회의 평등에 관심을 가지며 불평등의 해소보다는 사회적 포섭social inclusion에 더 관심을 갖는다. 기든스는 이제 복지국가는 소득이 아니라 '기회를 재분배'하는 존재가 되어야 한다고 본다. 즉 국가는 이제 시장의 실패자들에게 사후적으로 소득을 보장해 주기보다는passive risk system 인적 자원에 투자함으로써 사람들로 하여금 새로운 지식 기반 경제에 적응해 시장에서 승리자가 될 수 있게 도와주는 적극적 복지의 제공자가 되어야 한다는 것이다 (Giddens 1998). 이것이 평등에 대한 현대적 사회민주주의자들의 역동적인, 생애 기회적 관점에서의 접근이다(Giddens 2000, 86; Lister 2004, 162에서 재인용). 이렇게 기회를 재분배함으로써 경쟁 지반을 평평하게 levelling하기 때문에, 결과의 불평등은 받아들일 수 있는 것이 된다. 국가는 경쟁의 패자들이 사회 밖으로 튕겨져 나가 사회적 배제social exclusion 상태에 빠지는 것은 막아야 하지만, 일단 사회 내로 포섭된 사람들 사이의 불평등은 그리 중요한 문제가 아니다.

그렇다면 신노동당의 복지 정책은 구체적으로 어떤 내용을 가지고 있었는가? 선거 승리 후 노동당은 다시 복잡하고 격렬한 당내 논쟁과 내각 부서별 이해관계에 따른 갈등을 거쳐 1998년 복지 개혁의 청사진을 담은 녹서 "우리의 나라를 위한 대망: 복지를 위한 새로운 계약"New Ambitions for Our Country: A New Contract for Welfare을 내놓았다. 이 녹서는 선거 시 제시되었던 복지 공약들을 좀 더 구체화했을 뿐만 아니라 신노동당이 생각하는 '현대화된' 복지국가의 목표와 범위, 그리고 복지 정책의 구체적 디자인 및 실행을 지도할 가치들을 명시적으로 밝히고 있다는 점에서 주목받았다(Deacon 1998).

녹서는 보편적 체계를 유지해 복지국가를 모든 시민을 위한 것으로 남겨 두되 변화된 사회에 맞게 현대화시키며, (비용 문제의 해결을 위해) 하층의 복지 의존성을 퇴치하고 노동시장으로의 복귀를 촉진하는 것을 골자로 하고 있었다. 구체적 정책은 다음과 같았다. ① 연금·실업·장애·산재 등 기본 사회보험 체계의 보편성을 유지하되, 재정 부담이 특히 우려되는 연금은 상당 부분 개혁한다. ② 교육과 국민건강서비스NHS 및 주택 등 주요 공공복지 서비스는 유지되어야 하며 질적 고도화를 꾀해야 한다. ③ 장기 실업자, 청년 실업자, 편부모 등 노동에 참여하지 않는 만성적인 복지 의존층의 존재는 개인의 불행일 뿐만 아니라 엄청난 복지 비용의 상승을 초래하므로 가능한 한 취업자군으로 재편입시켜 자활하도록 해야 한다. 이를 위해 강제적 조치들이 이용될 수 있다(이른바 '일을 위한 복지' 프로그램)(DSS 1998a).

이런 정부 안은 스스로 밝히고 있는 바와 같이 '복지 재편의 제3의 길'이라는 특징을 가지고 있다. 제3의 길이 신자유주의와 전통적 사회민주주의의 샛길이듯, 복지 재편의 제3의 길은 신자유주의의 복지 원칙인 "대부분의 사람들에게 시장 복지를, 극빈층에게만 국가 복지를"이라는 잔여주의와, 사회민주주의의 복지 원칙인 '대부분의 사람들에게 국가 복지를, 급여와 서비스의 질 개선을 위해 지출 증대를'이라는 보편주의의 샛길인 것이다. 또한 이 안은 당내 현대화론자들과 전통주의자들의 입장의 절충이기도 했다.

이런 신노동당의 복지국가관은 집권 후반기까지 그 골격이 유지된다는 점에서, 그리고 이런 복지국가관이 연금 개혁에도 투영된다는 점에서 유념할 필요가 있다. 그러나 간난신고 끝에 18년 만에 권력을 장악한 1990년대 말의 개혁과, 권력 재창출에 성공하고 권력이 안정화된 이후인 2000년대의 개혁은 일정한 차이를 보인다. 즉 후반으로 올수록 '제3의 길'의 틀 내에서이기는 하나 부분적으로나마 공적 복지를 강조하는 경향이 나타나는데, 연금의 경우가 특히 그렇다. 연금의 경우는 1990년대 말의 개혁이 일종의 '미니 개혁'에 그친 반면, 2000년대 초의 개혁은 길고 오랜 과정을 거쳤으며 상당한 변화를 초래를 했다는 점에서 더욱 중요한 의미를 갖는다고 할 수 있다. 이 장에서는 먼저 첫 번째 개혁을 살펴보자.

2. 제3의 길과 연금 개혁

문제

1997년 정권을 장악했을 때 블레어 정부는 연금 영역에서 세 가지 문제를 해결해야 했다. 첫째는 노년 빈곤 문제였다. 기초연금의 낮은 급여,

표 5-1 | 공적연금 국가 지출 누계 추정치

	2000년	2025년	2050년
GDP에 대한 비율(%)	4.4	4.4	3.4
연금 수급자(100만 명)	10.5	12.7	14.3
GDP 대비 수급자 1인당 국가 지출(2000년=100)	100	90	58

자료: DSS(1998b).

SERPS의 좁은 포괄 범위는 노년 빈곤과 밀접한 연관을 가지고 있었다. 당시 기초연금은 기여 기간에 따라 정액으로 지급되었다. 즉 남성의 경우 44년, 여성의 경우 39년이라는 기여 조건을 충족해야 완전 연금을 수급하게 되며, 기여 연수가 낮아짐에 따라 연금 액수는 줄어들다가 10년 이상 기여하지 못할 경우에는 수급권을 갖지 못하도록 되어 있었다. 게다가 1980년, 소득 대신 물가에 연동하도록 해 기초연금이 삭감되는 효과를 가져온 조치는 기초연금의 가치를 크게 떨어뜨렸다.

부적절한 2층 공적연금 역시 문제였다. 1999년 SERPS의 포괄 범위는 경제활동인구의 약 20%(700만 명)였다. 반면, 기업연금은 약 30%(1,050만 명), 개인연금은 약 29%(1천만 명)를 차지했다. 게다가 SERPS의 소득 대체율은 20% 정도였고, 이 역시 물가에 연동되어 있어 소득에 대한 상대 가치는 점점 하락하고 있었다. 결국 기초연금과 SERPS를 합쳐도 공적연금만으로는 노후 생활이 유지되기 어려워지고 있었다. 계속되는 고령화에도 불구하고 타국과 달리 국내총생산GDP 대비 연금 지출은 점차 감소할 것으로 나타났는데, 이는 영국의 공적연금이 얼마나 부실한지를 보여 주는 것이기도 했다(〈표 5-1〉).

한편 저소득층의 경우 기업연금에는 가입하기 어려웠고, 개인연금에 가입한 경우가 많았는데 기여액이 적은 경우 적절한 노후보장을 기

표 5-2 | 연금 소득자의 소득 분위별 소득원(1999/2000년)		
		단위: 파운드
	1분위	5분위
부부 연금 소득자		
국가연금	85	19
국가연금 없음	9	40
투자 소득	5	26
근로 소득	1	19
기타 소득	0	1
총소득	147	746
단신 연금 소득자		
국가연금	90	38
국가연금 없음	5	33
투자 소득	5	19
근로 소득	0	9
기타 소득	0	1
총소득	82	338

자료: National Statistics(2001).

대하기 어려웠다. 게다가 개인연금은 기여를 지속하지 못할 경우 매우 적은 연금을 지급했는데, 개인연금 가입자의 3분의 1가량이 가입 후 3 년 내에 기여를 중단하는 것으로 보고되었다.

두 번째 문제는 연금 체계와 노동시장 간의 부조응이 심화되고 있다 는 점이었다. 노동시장이 유연화되면서 임시직이나, 취업과 실업을 반 복하는 불안정 노동이 점차 증가했으며 자영자 역시 증가 추세를 보이 고 있었다. 이들은 2층 연금에 가입하지 못하거나 개인연금에 주로 가 입했는데, 실직·이직 등으로 기여를 보류하게 될 경우 여러 가지 불이 익을 받았다.

그 결과 연금 공백pension gap은 점차 심화되어 갔다. 정부에 의하면 1990년 후반까지 영국 연금 체계 내에는 두 개의 이유로 인한 공백이 존재했다. 하나는 노동시장에 전혀 참여하지 못하거나 참여하더라도 소득이 매우 낮은(연 3,300파운드 이하) 사람들로, 이 사람들은 대부분 연금에 가입하지 못했다. 다른 하나는 연 3,300~9천 파운드의 소득을 올리는 저소득층, 돌봄 종사자carer, 장애인들로, 이 사람들은 가능한 기여금에 비해 수수료 등 행정비용이 너무 높아 개인연금에 가입하기 어려웠다(Secretary of Social Security 1998, 23-35).

세 번째 문제는 이미 공적연금을 압도할 정도로 성장한 민간연금의 적절한 규제였다. 앞장에서 보았듯이 대처 정부는 민간연금에 대해 적절한 규제를 하지 않았고 이는 잘못된 정보를 제공해 가입자들을 오도하고 불완전 판매하는 문제, 지나치게 높은 계좌 개설 비용 및 수수료, 그리고 연금보험에 대한 불신 등의 문제를 야기했다. 1995년 보수당의 조치들은 이런 문제들을 어느 정도 수습했으나 완전히 해결한 것은 아니었다.

이런 문제들을 어떤 접근 방법을 가지고 어떻게 해결할 것인가? 이 물음에 대한 답은, 노동당의 내부 분열로 인해 쉽게 도출되지 않았다. 1980년대 동안 연금 문제에 대한 노동당의 기본 입장은 기초연금의 인상과 SERPS의 회복이었으며, 자신이 집권하면 이를 실행에 옮기겠다고 약속했다. 사실 그렇게만 된다면 위의 모든 문제가 한꺼번에 해결될 수 있었다. 그러나 1992년 선거 패배 후 당내 논쟁 과정에서 이런 오래된 정책적 입장은 폐기되었다.

1994년 사회정의위원회 보고서는 기초연금 인상은 비용이 너무 많이 든다고 거부하면서 기초연금을 자산조사 급여와 결합하는 최저소득보장MIG 제도의 도입을 제시했다. 즉 기초연금을 크게 인상하지 않고 현행대로 유지하되, 공공부조인 소득 보조income support를 받아야 하는 노인들을 대상으로 최저소득보장액 설정하고, 이들이 기여 부족 등으로 너무 적은 연금을 받게 되어 총소득이 최저소득보장액에 미달할 경우 총

소득과 최저소득보장액 간의 차액을 채워 준다는 것이었다(Commission on Social Justice 1994, 4).

노동당 구좌파였고 SERPS를 처음 입안했던 바바라 카슬 같은 경우는 여전히 노동당이 집권하면 기초연금을 인상하고 SERPS를 회복해야 한다고 주장했다(Bonoli 2000). 그러나 이를 위해서는 엄청난 재정지출이 필요할 것이었다. 증세 불가론 쪽으로 입장을 굳혀 가고 있던 노동당의 현대화론자들에게 기초연금의 인상이나 SERPS의 회복은 고려하기 힘든 대안이었다.

게다가 이미 많은 사람들이 SERPS에서 빠져나가 개인연금에 가입한 상황에서 SERPS를 복구해 보편적인 2층 연금으로 만드는 것도 쉽지 않은 일이었다. 연금 산업은 물론이고 가입자들도 상당수가 이런 조치에 저항할 것이었다. 결국 보수당 정부는 연금 개혁을 통해 새로운 이해관계를 창출하고 새 제도에 그 이해관계를 뿌리내리게 함으로써 기존 연금 체계에 새로운 경로를 덧붙인 셈이고, 이는 노동당의 선택을 제약하고 있었다.[3]

1994년 사회정의위원회 보고서는 SERPS를 보수당 개혁 전으로 회복하는 대신, 가칭 국민저축연금National Savings Pension Plan으로 명명된 보편적인 개인연금을 도입해 기초연금을 보충하도록 했다. 직업연금과

---

[3] 이는 1987년 선거에서부터 노동당이 자신이 집권하면 SERPS를 복구하겠다고 주장하면서도 개인연금을 어떻게 하겠다는 말은 하지 않았다는 데서도 잘 드러난다. 개인연금이 SERPS를 외부 대체한 것이어서 SERPS를 복구하면 어떤 방식으로든 개인연금제도를 손봐야 했음에도 불구하고, 개혁 직후 개인연금이 높은 인기를 누리고, 이후 새 제도에 대한 대중의 이해관계가 뿌리를 내리자 노동당은 이 문제에 대해 언급을 회피했다.

기존의 개인연금은 2층 연금으로서의 지위를 계속 인정하되 관리·감독을 강화하도록 했다. 선거 강령에 SERPS의 완전한 회복을 끼워 넣으려는 당 좌파의 시도는 1996년 당대회에서 당 지도부에 의해 단호히 거부되었다. 1997년 선거가 다가오는 동안 당 정책은, 저소득층에게는 자산 조사에 입각해 최저 보장을 하고 그 밖의 사람들에게는 규제된 민간연금이나 국가 2층 연금을 제공해야 한다는 쪽으로 정리되었다(Taylor-Gooby 2005, 127).

연금 개혁의 내용

1998년 발간된 연금 개혁을 위한 녹서 "복지를 위한 새로운 계약: 연금에서의 파트너십"은 기존 연금제도의 틀을 살리되, 저소득층에 대한 급여 집중을 통해 노인 빈곤 완화, 민간연금 강화와 개인저축 장려, 민간연금의 원활한 작동을 위한 규제 정비를 그 핵심 내용으로 했다. 그 구체적 내용을 살펴보면 다음과 같다(DSS 1998b).

첫째, 노년 빈곤을 해결하기 위해 최저소득보장 제도를 도입한다. 이는 기초연금 수급자의 연금액이 소득 보조Income Support 수급자의 수급액보다 낮을 경우, 소득 보조 수급자가 받는 금액만큼이 되도록 모자라는 소득을 채워 주는 것이었다. 이로써 모든 연금 수급자는 최소한 공공부조 수준의 최저 소득은 보장받을 수 있게 되었다. 기초연금의 액수를 올리는 대신 이렇게 복잡한 방법을 택한 것은 빈곤 노인에게만 지출을 확대하기 위한 것이었다. 보편연금인 기초연금을 인상하면 부유층을 포함한 모든 노인에게 지출이 늘어나야 하는데 최저소득보장 제도를 도입하면 빈곤층에게만 한정할 수 있었던 것이다.

둘째, SERPS는 새로운 제2국가연금s2p으로 대체한다. S2P는 과거 SERPS의 골격을 살리되, 저소득자의 소득비례연금의 급여 수준을 높이고 주 75~89파운드 미만의 소득을 올리는 저소득자는 기여를 하지 않아도 기여한 것으로 인정함으로써 저소득층의 노후보장을 강화하도록 했다. 자영자의 경우 과거에는 SERPS에서 제외되었으나 이제 S2P 속으로 포섭될 수 있게 되었다. 자영자도 저소득자는 정액 기여 부담 수준을 낮게 잡았고, 중간 소득 이상의 자영자에게는 추가로 적용되는 정률 보험료의 요율을 인상하도록 하여 저소득자를 우대하도록 설계했다.

셋째, 직장 이동이 잦은 노동자들에 적합하도록 스테이크홀더연금을 도입한다. 스테이크홀더연금은 원하는 누구나 가입할 수 있으나, 특히 잦은 이직이나 실직으로 직업연금에 가입하지 못하거나, 개인연금에 가입할 경우 여러 가지 손해를 보았던 비정규 노동자들을 염두에 둔 것이었다. 이 연금은 다른 제도로 자신의 적립금을 자유롭게 이전할 수 있으며, 자신의 연금 기록을 가지고 다닐 수 있었다. 또한 벌칙 없이 보험료 납부를 중단했다가 재개할 수 있고, 일을 중단하더라도 원한다면 5년간은 계속해서 세금 감면 혜택을 누리면서 스테이크홀더연금에 기여할 수 있도록 했다. 여기에 세금 적용을 단순화하고 행정절차를 간소화해 효율성과 안정성을 동시에 보장하도록 했다(Secretary of State for Social Security 1998, 25-26). 요컨대 스테이크홀더연금은 그동안 개인연금의 확대 과정에서 불거졌던 여러 문제점들을 수정·보완한 새로운 저소득자용 민영 연금이었다고 할 수 있다.

스테이크홀더연금의 이런 특징들은 S2P의 외부 대체를 더욱 매력적인 것으로 만들어 극빈층을 제외한 모든 노동자에게 민간 2층 연금을 갖도록 유도하는 것이었다. 실제로 녹서는 스테이크홀더연금을 연소득

9천~1만8,500파운드의 노동자들에게 더욱 매력적인 것으로 만듦으로써 "좀 더 많은 사람들이 적립식 2층 연금을 보유하도록 하는 것"을 목표로 한다고 명시했다. 스테이크홀더연금은, 당시의 직업연금과 개인연금이 유지된다고 볼 때, 직업연금이 없는 노동자의 약 35%가량과 다수의 자영자에게 2층 연금으로 제공될 수 있을 것으로 추산되었다 (Secretary of State for Social Security 1998, 25-26).

마지막으로 중간층 이상의 소득자들은 보험료율 할인 등을 통해 S2P 대신 적립식 민간연금(직업연금이나 개인연금)에 가입하는 방향으로 유도하도록 했다. S2P는 중간층 이상에게는 결코 매력적인 제도가 아니었다. 기여는 소득 비례이지만 급여는 장기적으로는 정액이 되도록 되어 있었기 때문이다. 즉 S2P는 중간 이상 소득자에게는, 기여는 많고 급여는 적게 설계되어 있었던 셈이다. 당연히 이들의 입장에서는 보험료 할인을 받고 급여도 더 높을 수 있는 민간연금 가입을 선호하게 된다.

이 셋째와 넷째 측면은 민간연금이 노후소득보장의 근간이 되는 기존의 연금 체계를 유지하고, 저소득층의 노년 빈곤 해결을 위해 공적 지출은 저소득층에 집중하고, 중간층 이상은 민간연금으로 노후를 해결해야 한다는 노동당의 입장을 선명히 집약해 보여 주는 것이라고 할 수 있다.

이 녹서의 내용들은 후에 대부분 입법화되어 연금 개혁의 골격을 이루게 된다.

3. 연금 개혁의 정치: 주요 행위자와 상호작용

노동당 내부

보수당 정부하에서도 그랬듯이 연금 개혁을 둘러싼 논쟁은 먼저 노동당 내에서 벌어졌다. 집권 전 당 노선을 둘러싼 논쟁 과정에서 SERPS를 처음 입안했던 바바라 카슬이나 노동당 구좌파였던 토니 라인스Tony Lynes는 여전히 노동당이 집권하면 기초연금을 인상하고 SERPS를 회복해야 한다고 주장했다. 그러나 당 강령에 SERPS의 완전한 회복을 끼워 넣으려는 당 좌파의 시도는 1996년 당대회에서 당 지도부에 의해 거부되었다(Taylor-Gooby 2005, 126-7).

연금 개혁에 대한 갈등은 노동당 현대화론자 내부에서도 존재했다. 보수당 정부의 연금 개혁에서도 보건사회보장부 장관과 재무부 장관 간에 갈등이 빚어진 것처럼 노동당 정부에서도 그러했다. 복지 개혁 담당 국무상Minister for Welfare Reform인 프랭크 필드Frank Field는 2차 연금인 SERPS를 폐지하고, 현재 그것으로부터 소외되어 있는 약 400만 명의 사람들을 연금제도 안으로 끌어들이기 위해 공-사 부문의 협력하에 스테이크홀더연금이라는 보편적인 의무적 2차 연금을 만들자고 제안했다. 이는 하위 계층의 노년 빈곤을 제거하는 데는 크게 기여할 것이며, 장래에 예상되는 SERPS의 비용 폭발을 예방할 수 있겠지만 단기적으로는 비용 증대를 유발하는 것이었다. SERPS에서 스테이크홀더연금으로 이행하기 위해서는 향후 50년간 약 1천억 파운드라는 거액이 필요할 것으로 예상됐는데, 그는 대담하게도 이를 공공 차입을 통해 해결하자고 주장했다. 반면, 재무부 장관 고든 브라운은 복지 지출을 더 늘릴 수는 없다는 점을 대원칙으로 하고, 민간연금을 노후보장 체계의 주축으로 하되 규제를 강화하고, 공적연금은 가난한 소수에게 집중해야 한다는 안을 계속 주장했다(Macleod 1998).

프랭크 필드는 스테이크홀더연금이라는 아이디어를 가지고 시뮬레이션을 실시했으나 기업 측과 정부 공무원들의 협의 과정에서 강한 상호주의적 요소들, 필요한 규제들, 강제 조항 등과 관련된 세부 사항에 합의하기 어려웠다. 연금에서의 공-사 파트너십public-private partnership은 말처럼 쉽지 않았던 것이다. 1998년 복지 개혁 녹서 "우리의 나라를 위한 대망: 복지를 위한 새로운 계약"은 구체적인 정책 제안을 담고 있지는 않았으며 공-사 파트너십이라는 맥락에서 스테이크홀더연금을 막연하게 언급했다(DSS 1998a, Ch. 1).

이후 복지 개혁을 둘러싼 토니 블레어 및 고든 브라운과의 견해차로 필드는 사임했고, 그가 사임한 직후 정부의 개혁안, 즉 연금 개혁을 위한 녹서 "복지를 위한 새로운 계약: 연금에서의 파트너십"(DSS 1998b)이 출간되었다(Taylor-Gooby 2005, 127). 녹서에는 민간 부문에 의무적 2층 연금을 제공하게 한다는 안은 사라지고 S2P안이 들어 있었다. 스테이크홀더연금은 의무적인 보편적 2차 연금이 아니라 비정규 노동자들을 위한 연금으로 축소되었다. 결국 노동당 내 연금 문제를 둘러싼 좌우파 간 갈등은 가장 자유주의적 입장을 취했던 브라운 등의 입장에 가까운 것으로 정리된 셈이다. 녹서가, 보수당 정부가 내세웠던 것과 똑같이, 현재 40%를 차지하는 민간연금의 비중을 2050년까지 60%가 되도록 하는 것이 정부의 목표라고 천명하고 있다는 사실도 이를 상징적으로 보여 준다.

한편, 장애연금도 논란거리 중 하나였다. 장애자 연금은 중고령의 실업자들이 많이 이용함으로써 사실상 장기 실업률을 낮게 유지하는 효과를 발휘해 왔다. 즉 이 연금의 수급자들은 실업자로 계산되지 않아 통계상의 실업률을 낮추었던 것이다. 그러나 이 급여를 신청하는 사람이 점차 늘어나고, 장애연금과 직업연금을 동시에 수급하는 사람이 증대하자 정부는 이 지출을 줄이고자 했다. 정부는 이 급여에 자산조사를 도입함으로써 직업연금을 수급하는 사람 중 넉넉한 급여를 받는 사람들을 배제하고자 했다. 그리고 장애연금을 받기 위해서는 수급 전 2년간 국민보험에 최소한 4주 이상 기여를 했어야 한다는 것을 새로운 수급 조건으로 만들고자 했다. 당내 우파는 자산조사 도입과 수급 조건 강화에 찬성했고, 좌파는 이에 반대했다.

주요 이해 당사자들

1997년 집권한 노동당 정부는 여러 이익집단과 전문가들에게 자문을 구하기 위해 연금 개혁을 위한 정책 자문 보고서를 발간했다. 톰 로스 Tom Ross를 위원장으로 하는 '연금자문그룹'Pension Provision Group이 의견 수렴을 위해 설치되었다. 그러나 보수당이 연금 개혁을 앞두고 구성한 노후소득보장조사위원회가 그랬듯이, 노동당 정부와 견해를 크게 달리하는 정파나 집단의 이해관계가 반영될 여지는 처음부터 매우 적었다.

　흥미로운 것은 CBI가 TUC보다 녹서의 제안들에 대체로 우호적이었다는 것이다. 반면, TUC는 녹서의 여러 요소에 대해 거부감을 나타냈다. 연금 문제에 대한 TUC의 입장은 '신노동당'이 되기 전 과거 노동당이 견지했던 바로 그것이었다. 즉 물가가 아니라 소득에 연동되는 높은 수준의 기초연금, 2층 연금으로서 잘 규제되는 직업연금, 직업연금이 없는 사람들을 위한 S2P의 체계가 TUC가 원하는 연금 체계였다.

이런 TUC의 입장에 비추어 볼 때 18년 만에 권력을 장악한 신노동당 성부의 연금 개혁안은 성에 차지 않는 것이었다. TUC의 입장은 여전히 고용주와 피용자가 함께 기여하는 직업연금이 최선의 노후보장책이며, 따라서 예나 지금이나 TUC는 "최저소득보장이 자산조사를 통해 지급되는 것, 제안된 S2P가 물가에만 연동되어 급여가 산정되는 것, 그리고 S2P에 대한 고용주의 기여가 의무적인 것이 아니라는 사실을 받아들일 수 없다"고 주장했다. TUC가 받아들일 수 없다고 한 이 모든 개혁 요소들은 CBI가 승인한 것들이었다(TUC 1999, 89; CBI 1998, 13; Taylor-Gooby 2005, 128에서 재인용).

과거와는 판이한 노동당의 이 같은 정책에 대한 CBI와 TUC의 반응 자체가 신노동당의 성격과 연금 개혁의 성격을 동시에 말해 준다. 이미 노동당에게 노조는 과거와 같은 특수 관계의 조직이 아니었고,[4] 정부 정책에 별 영향을 미칠 수 없었다.

연금 산업 쪽을 대표하는 전국연기금연합회NAPF는 직업연금의 유지에 강한 이해관계를 가지고 있는 자신에게 불리할 수 있는 세 가지 요소

4_블레어 총리를 비롯한 노동당 우파들은 블레어가 노동당 당수가 된 이후 1997년 선거에 이르기까지 노동당과 노조 간의 특수 관계를 불식시키기에 진력했다. 노동당이 노조의 정당으로 남아 있는 한 중간층의 표를 얻기는 힘들며 집권 역시 무망하다는 판단이 그 밑에 자리하고 있었다. 블레어는 '1당원 1표제'를 도입함으로써, 그동안 노조가 블록 투표를 통해 노동당의 정책 결정 과정에서 과대 대표되던 현상을 종식시켰다. 또한 부지런히 기업가들을 만나고 다니면서 미국에서 기업에 대한 민주당의 헌신이 의문시되지 않는 것처럼 신노동당의 경우도 마찬가지라고 설파했다(김영순 1999b).

에 대해 우려를 표했다. 첫째, 개인은 스테이크홀더연금과 직업연금 모두에 동시에 기여할 수 없다는 점, 둘째, 고용주들이 직업연금으로부터, 관리가 용이하고 규제가 덜 까다로운 S2P로 옮겨 갈 수 있다는 점, 셋째, 맥스웰 스캔들과 같은 사고를 방지하고자 직업연금에 대한 규제를 강화한 결과 직업연금이 위축될 수 있다는 점(NAPF 1999; Taylor-Gooby 2005, 128에서 재인용)이다.

이들의 이 같은 입장은 '연금자문그룹'을 통해 대변되었다. 정부는 이런 연금 산업의 요구들 가운데 위의 첫 번째와 두 번째 요소에 반응해 법안을 수정했다. 즉 스테이크홀더연금을 의무적 보편연금으로 만드는 것을 철회했고, S2P를 적절한 직업연금을 가질 여력이 없는 사람들만을 위한 것으로 한정했다. 그러나 규제에 관한 논쟁은 계속되었다. 회사가 자신의 직업연금 기금을 차입해 회사에 투자하는 것은 금지되었으나, 회사가 파산할 경우 연금 수급 연령에 달한 연금 수령자에게 연금을 지불하지 못하는 문제 등은 잘 해법이 나오지 않았다.

그렇다면 보수당 쪽 입장은 어떠했는가? 메이저 정부 시기에도 연금 개혁 문제는 계속해서 당내 논란거리였다. 민영화 조치에 따른 부작용들은 보수당 내 좌우파 간의 갈등을 심화시켰다. 재무부 장관 케네스 클라크Kenneth Clarke를 포함한 당내 좌파는 연금 민영화의 부작용을 우려하면서 민영화의 확대를 반대했다. 그러나 "오직 전진"No Turning Back이라는 당내 우파 의원 그룹과 재무부 제1부장관 존 비핀John Biffin은 SERPS를 폐지하고 기초연금을 자산조사에 입각한 선별 급여로 만들 것을 주장하는 제안서를 발표했다. 우파에 속했던 사회보장부 장관 피터 릴리Peter Lilley는 민영화를 더욱 진척시켜 국가의 역할은 '기초연금 플러스'Basic Pension Plus로 한정하자는 내용의 안을 제안했다. 즉 노후보장에서 정부의 역할은 기초연금을 지급하는 것과 저소득층 민간연금 가입자에 대한 기여 보조로 한정해야 한다는 것이었다. 한편 민간 신보수주의 두뇌 집단인 '아담스미스연구소'에서는 완전 민영화를 위한 기초 작업으로 사회보장기금을 주식시장에 투자하자는 제안까지 나왔다(Taylor-Gooby 2005, 125).

1997년 선거 직전 사회보장부 장관 릴리는 '기초연금 플러스'안에 입각해 기초연금을 개혁하려는 안을 제출한다. 이 제안서는 모든 피용자들이 각자 알아서 스스로의 기초연금을 구축하도록 함으로써, 기초연금 민영화의 물꼬를 트는 것을 주요 내용으로 하고 있었다. 그 주된 수단은 과거 2층 연금 민영화의 경우처럼 개인 기초연금에 가입할 경우 국민보험 기여금에 리베이트 형태의 인센티브를 주는 것이었다. 즉 보수당은 2층 연금을 점진적으로 민영화시켜 공-사 연금 간의 균형을 역전시켰던 것과 같은 전략을 기초연금에도 적용하고자 했던 것이다. 이 안이 실행되었을 경우 국가연금은 점진적으로 형해화될 수 있었다.

그러나 1997년 선거에서 보수당은 패했고 이 안은 사장되었다 (Schulze & Moran 2007, 76). 대패한 보수당은 1999년 연금 개혁에서는 실질적으로 아무런 영향력을 발휘하지 못한다. 그러나 어쨌든, 1986년 연금 개혁 당시 보수당이 과거 노동당의 연금 정책을 완전히 뒤집었던 것과 달리, 노동당의 연금 개혁안은 보수당이 그동안 추구해 왔던 연금 민영화를 유지하는 방향이었다. 보수당은 정부 정책에 기술적 반대 외에는 제기하지 않았다.

빈곤추방운동단체들은 기초연금의 인상과 소득 연동, 제2국가연금의 강화를 주장했고 장애연금 자산조사화에 반대했다. 그러나 노조처럼 별 영향력을 발휘하지는 못했다.

1999년 2월 10일 〈1999년 복지개혁 및 연금법〉이 하원에 제출되었다. 법안 통과 과정에서 쟁점이 되었던 것은 스테이크홀더연금이 아니라 장애연금이었다. 법안이 '보고 단계'에 도달하자 노동당 내 초선 의원 중 상당수가 장애연금의 자산조사화에 반대해 반대표를 던질 것이라는 점이 명확해졌다. 특히 애슐리 경Jack Ashley Lord Ashley of Stoke을 중심으로 한 상원의 반대가 심각했다. 블레어 총리는 집권 이후 최대의 저항에 직면하게 된다 할지라도 법안을 그대로 통과시키겠다고 선언하고, 노동당 내 한 정책 포럼이 운수 노조와 연대해 이 법안이 다시 검토되어야 한다고 주장하면서 당의 분열은 더욱 깊어 갔다. 노동당 상원 의원 66명이 표결에 참여하지 않을 정도로, 상원에서 반대가 심각한 수준에 이르자 블레어 내각은 상원 개혁안을 통과시키겠다고 위협한다. 그럴 경우 세습 상원 의원 중 무려 92명이 그 직을 잃을 것이었다(Taylor-Gooby 2005, 128).

〈1999년 복지개혁 및 연금법〉이 상정되었다. 상당수의 초선 의원들은 여전히 법안에 반대했다. 법안은 의회에서 두 번이나 상원에서 과반수에 못 미쳐 통과되지 못했다가 세 번째에야 가까스로 통과되었다. 이런 내홍 과정에서 노동당은 결국 장애연금을 받을 수 있는 소득 상한선을 인상하고, 직업연금과 장애연금 병행 수급의 경우 삭감될 장애연금 급여액 상한선을 주당 50파운드에서 80파운드로 올리기로 한다. 나머지 녹서에서 제시되었던 개혁안들은 대부분 그대로 통과되었다.

4. 소결: 후속 조치와 남은 문제들

1997년, 18년 만에 권력을 장악한 신노동당은 보수당의 연금 개혁의 기조를 유지하면서 그 문제점들을 보완하는 선에 그쳤다. 즉 1990년대 말 노동당 정부의 연금 개혁은 '제3의 길' 논리에 충실하게, 1980년대 이후 영국의 연금 개혁을 지배해 온 민영화·자유화·개인화의 논리를 계승하되, 국가 규제와 저소득층에 대한 재분배를 약간 강화하는 데 머문 것이다.

이런 신노동당의 1차 개혁은 당시 노동당이 가지고 있던 권력 자원의 성격을 잘 보여 준다. 1997년의 선거 대승은, 이론적으로는, 노동당으로 하여금 연금 개혁에서도 원하는 것을 마음대로 할 수 있게 만들었다. 노동당은 의회에서 압도적 다수를 점하고 있었기 때문에 법적·제도적으로는 얼마든지 일방주의적 개혁이 가능했다.

그러나 노동당이 이처럼 선거에서 압도적 다수로 승리하기 위해 행했던 자기 변신, 신노동당으로 재탄생하는 과정은 노동당이 가진 권력 자원의 성격 자체를 재편하는 과정이었고 이는 향후 만들어질 정책의 성격도 변화시키는 과정이었다. 즉 노동당은 선거에서 승리하기 위해서는 중간층과 경영계의 지지를 얻어야 한다고 보았고, 이는 구舊사회민주주의 노선과 정책을 상당 정도 수정하게 했다. 그 결과 실제로 노동당은 선거에서 과거 보수당에 표를 던졌던 상층 노동자들과 중간층의 지지를 확대할 수 있었다. 반면, 노조와의 특수 관계는 과거에 비해 현저히 약화되었다. 천신만고 끝에 집권한 노동당은 다음 선거에서 승리하고 권력을 유지하기 위해서는 이렇게 확보한 권력 자원을 유지할 필요가 있었고, 이런 정치적 필요는 정책들에 그대로 반영되었다.

노동당의 권력 자원 변화, 그리고 '증세 불가'를 출발점으로 하는, 우경화된 복지 정책의 전반적 틀이야말로 신노동당의 1차 연금 개혁의 성격을 규정한 권력 자원적 요소였다고 봐야 할 것이다. 즉 노동당은 의회에서 압도적 다수를 점하고 있었지만 그것으로 할 수 있는 정책들의 범위는 협소해져 있었다.

노동당의 연금 개혁은 필연적으로 보완적 개혁을 필요로 했다. 그것은 무엇보다도 노동당의 연금 정책의 기조가 두 가지 모순적 요소를 갖고 있었기 때문이다. 노동당은 가난한 사람들에게도 적절한 연금을 통해 적절한 노후 소득을 보장해 줄 수 있기를 원했다. 그러나 동시에 과거 보수당 정부가 설정했던 연금 민영화의 기본 방향을 유지하고자 했다. 연금 민영화의 방향이 유지되기 위해서는 민간연금 회사들에게 적절한 수요와 이익이 주어져야 했고 가능한 한 규제는 적어야 했다. 그러나 저소득층에게 주어지는 국가연금이 적절한 노후를 보장할 만큼 관대할 경우, 민간연금은 국가연금의 경쟁 상대가 될 수 없었다. 또한 규제를 완화할 경우 여러 가지 부작용이 불거졌다. 노동당은 결국 공적연금을 관대하게 지급하지 않으면서 빈곤 문제는 해결하며, 적절한 규제를 행하면서도 연금 산업은 활성화되어 민간연금이 노후보장 제도의 주축으로 기능해야 한다는 매우 이루기 어려운 목표를 설정한 셈이다.

먼저 저소득층 소득보장과 관련된 후속 개혁은 다음과 같다. 첫째, 2000년 〈아동 지원, 연금 및 사회보장법〉 개정이 이루어졌다. 이 법은 2002년 4월부터 저소득자와 돌봄 제공자들에게 SERPS를 제2국가연금으로 대체하면서 급여 수준을 올리고자 했다. 2002~07년까지 이행기 동안 SERPS의 소득 비례 체계는 정액 급여로 바뀌나, 기여는 그대로 소득 비례로 내도록 되어 있었다. 연소득 9,500파운드 이하의 저소득자들은 확정기여 방식의 2층 연금에 가입할 가능성이 낮았으므로 그렇게 하도록 하기 위한 인센티브가 필요했다. 이행기 동안 제2국가연금은 무소득자들, 그리고 저소득자 하한선lower earning limit(1999/2000 회계연도의 경우 3,432파운드)부터 저소득자 상한선lower earning threshold(연 9,500파운드) 사이의 소득자들을 모두 저소득자 상한선(9,500파운드)의 소득을 올린 것으로 간주해 기여를 인정했다(Schulze & Moran 2007, 80). 요컨대 저소득층 이상에게는 강력한 인센티브를 주고 최저 소득층에게는 SERPS보다 더 큰 이익을 주도록 고안한 것이다.

둘째, 노동당 정부는 2004년부터 '연금크레디트'pension credit를 도입해 부조의 수준을 올리려 했다. 1999년 도입된 최저소득보장 제도는 연금크레디트 법에 따라 보장크레디트guaranteed credit로 전환했으며, 이와 더불어 저축크레디트saving credit 제도가 함께 도입되었다. 이 연금크레디트 급여는 제2국가연금이나 소액의 직업연금 혹은 개인연금으로부터의 급여로 인해 최저소득보장 제도의 자산조사 상한선에 도달했을 때 완전히 급여 자격을 박탈하기보다는 조금씩 급여가 줄어들도록 디자인한 것이었다. 즉 최저소득보장선 이하에서는 소득이 1파운드 증가해도 국가로부터 받는 연금이 1파운드 감소하는 것이 아니고, 이를 노후를 위한 저축으로 보아 소득 인정액에서 제외함으로써 저축의 인센티브를 높인다는 것이었다.

다음으로, 민간연금의 규제와 관련된 후속 개혁으로 2000년 연기금의 기금 투자를 감독할 금융서비스청을 신설하고, 2004년 직업연금규제청을 연금규제청Pension Regulator으로 전환한 것을 들 수 있다. 문제는 민간연금에 대한 어떤 정부의 규제 조치도, 연금 산업의 육성이라는, 그리고 영국 기업의 경쟁력을 높이고 외국 기업을 유치하기 위해 낮은 임금 비용을 유지한다는 정부의 또 다른 목표와 충돌한다는 데 있었다

(Taylor-Gooby 2005, 130).

1999년 연금 개혁 후 기업들은 계속해서 정부의 규제에 불만을 표했다. 1995년 맥스웰 스캔들의 재발 방지를 위해 제정된 연금기금의 최소 적립 요건minimum funding requirement은 민간 직업연금 기금이 최소 지불 준비금을 보유할 것과 재정 상태를 연 4회 분기별로 보고할 것을 의무화하고 있었다. 기업들은, 최소 지불 준비금 조항이 연기금으로 하여금 우량주에만 투자하고 모험 자본에는 투자하지 않게 함으로써 결국 연기금의 수익률을 낮춘다고 주장했다. 또한 연기금 운용의 투명성을 높이기 위해 주주들에게 매년 자산 및 신용도를 보고화하도록 의무화한 것에 대해서도, CBI와 연금 산업은 이 조항이 연기금 운용의 경직성을 높인다고 불평했다. 즉 이 조항은 투자된 기금이 이익을 얻는 시기와 손해를 보는 시기를 부드럽게 조정하기smoothing 어렵게 만들고, 그럼으로써 주식가격에 영향을 미칠 수 있다고 주장했다(*Guardian* 2002/05/11; Taylor-Gooby 2005, 130에서 재인용). 정부는 2001년까지 최소 지불 준비금 조항을 재검토했으나 별다른 의미 있는 변경을 가하지는 않았다.

2000년대 초 이루어진 보완적 후속 조치들은, 이런 노동당의 딜레마적 과제들을 다루는 과정에서 나온 고육지책들이었다. 그러나 민간 연금 중심 체계에 크게 손대지 않는 선에서, 빈곤 완화를 위한 자잘한 조치들과 연금 산업에 대한 약간의 규제 강화 조치를 도입하는 선에서 문제를 수습해 보고자 했던 노동당의 희망은 사실상 불가능한 것임이 드러난다. 그리고 노동당 정부는 또다시 긴 새로운 개혁의 여정에 들어서게 된다.

제6장

신노동당 2차 연금 개혁

2000년대 초에 시작되어 2010년대 초에 마무리된 노동당 정부의 연금 개혁은 이전과는 달리 국가 개입을 강화하고, 노후보장의 집단성을 제고하는 것이었다. 또한 연금 정치의 측면에서도 그간의 적대 정치를 청산하고 광범위한 사회적 합의에 기반해 개혁을 수행했다.

그렇다면 1990년대 후반 이후 노동당 정부하에서 이렇게 두 개의 상이한 흐름을 갖는 개혁이 이루어진 이유는 무엇인가? 연금 개혁의 기조가 노후보장에 대해 국가의 개입을 강화하는 쪽으로 방향을 틀게 된 원인은 무엇인가? 연금 개혁을 둘러싼 유구한 전통의 적대 정치는 어떻게 합의 정치로 반전될 수 있었는가? 그리고 이는 영국의 노후소득보장 체계에 어떤 결과를 가져왔는가? 이것이 이 장에서 답해 보고자 하는 질문들이다.

1. 배경

1997년 신노동당 정부가 집권한 직후 이루어진 개혁에도 불구하고 영국의 노후 사회보장은 여전히 몇 가지 심각한 문제를 가지고 있었다. 최저소득보장 제도를 도입해 공공 지출을 크게 늘리지 않는 선에서 노인 빈곤 문제에 대해 급한 불을 끈 블레어 정부는 연금 문제에 대한 장기적 숙고에 들어갔다.

먼저 노인 빈곤은 여전히 해결되지 않은 문제로 남아 있었다. 어느 기준으로 보나, 연금 소득자 중 장기 빈곤율은 경제활동 연령기 사람들의 그것보다 3~4배나 높았다. 이는 노동당 집권 이후로도 큰 변동이 없었다. 〈표 6-1〉은 장기 빈곤율을 '지난 4년 중 3년 이상 중위 소득의 60% 이하'에 있던 사람들로 측정할 경우 노인의 장기 빈곤율은 약간 줄었지만, '70% 이하'로 바꿀 경우는 거의 변동이 없었음을 보여 준다. '지난 4년 중 3년 이상 소득 하위 20% 구간에 지속적으로 머무른 비율'로 측정할 경우는 오히려 약간 늘었고, '소득 하위 30% 이하'로 측정할 경우는 거의 비슷했다. 즉 노동당 집권 초 약간의 손질에도 불구하고 노인 빈곤율은 1990년대 초에 비해 크게 줄지 않은 것이다.

이렇게 노년 빈곤이 지속된 데에는 기초연금의 실질 가치가 점점 떨어져 왔다는 사실이 크게 작용했다. 대처 정부 이후 기초연금이 소득이 아니라 물가에 연동되어 산정됨에 따라 기초연금의 상대 가치는 점점 떨어졌다. 이런 산정 방식이 계속되고, 다른 보완 조치가 없다면 2050년에는 연금 수급자의 약 70~80%가 자산조사에 따른 최저소득보장에 의존하는 사태가 발생하리라는 추산이 나올 정도였다.

빈곤층 노인에 부족한 연금을 메워 주는 최저소득보장 제도와 그 후

표 6-1 | 경제협력개발기구(OECD) 기준에 따른 장기 빈곤율(1991~2002년)

단위: %

	지난 4년 중 3년 이상 기준치 이하에 있었던 집단의 비율			
	중위 소득 기준		소득 하위 기준	
	중위 소득 60% 이하	중위 소득 70% 이하	소득 하위 20% 이하	소득 하위 30% 이하
근로 가능 인구				
1991~94년	8	13	8	14
1992~95년	8	14	9	15
1993~96년	8	13	9	16
1994~97년	8	13	9	16
1995~98년	8	13	8	15
1996~99년	8	13	9	15
1997~2000년	7	12	9	15
1998~2001년	7	12	8	15
1999~2002년	6	12	8	15
연금 수급자				
1991~94년	26	43	27	47
1992~95년	24	42	27	46
1993~96년	23	40	27	46
1994~97년	25	41	29	45
1995~98년	25	40	28	46
1996~99년	27	40	29	45
1997~2000년	26	42	29	48
1998~2001년	26	41	30	47
1999~2002년	23	40	29	46

주 1: 수치의 일부는 2010년 발간된 "Low Income Dynamics Report"의 수치들과 약간 다른데, 이는 기본 데이터 세트의 변경으로 인한 것이다.
 2: 수치는 반올림으로 인해 정확하지 않을 수 있다.
 3: 중위 소득 60%와 70% 근처에 인구가 몰려 있을 수 있어 '소득 하위 기준'은 좀 더 정확한 검증을 위해 제시되었다. '소득 하위 기준'의 수치는 중위 소득으로 빈곤율을 측정할 때 나타날 수 있는 오류들에 덜 취약한 추정치들이다.
자료: DWP(2010, 79).

속 제도인 연금크레디트도 노인 빈곤을 크게 완화시키지 못했다. 기초연금을 물가에 연동시킴에 따라 일반적인 소득수준과 기초연금의 가치 간의 차이는 점점 벌어질 수밖에 없었다. 이 차이를 메워 주는 것이 바로 최저소득보장과 연금크레디트였으나 문제는 수급 자격이 있는 노인 중 상당수가 이를 받아 가지 않는다는 점이었다. 연금크레디트 수급률은 약 63~72%에 불과한 것으로 나타났다. 즉 수급 자격자 중 30~40% 정도의 사람들은 빈곤선 이하의 소득을 가지고 있음에도 불구하고 연금크레디트를 신청하지 않았다. 연금크레디트가 자산조사 급여이기 때

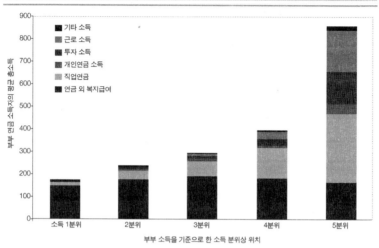

그림 6-1 | 소득 계층별 연금 소득자(부부 기준)의 소득원(2002/03 회계연도)

단위: 주당 파운드, 2002/03년 가격

범례:
- 기타 소득
- 근로 소득
- 투자 소득
- 개인연금 소득
- 직업연금
- 연금 외 복지급여

(y축) 부부 연금 소득자의 평균 총소득

(x축) 소득 1분위 / 2분위 / 3분위 / 4분위 / 5분위

부부 소득을 기준으로 한 소득 분위상 위치

자료: National Statistics, UK(2004, 50).

문에 본인이 적극적으로 청구해야만 수급이 가능하나 제도가 너무 복잡해 신청하기 어렵다는 점이 원인으로 지적되었다(최영준 2011, 125-6). 이는 결국 노년 빈곤 문제가 기초연금의 자격 조건을 완화하고 기초연금을 인상할 때만 해결될 수 있음을 시사하는 것이었다.

노년 소득 불평등도 여전히 심각했다. 계층별 소득 격차가 발생하는 원인은 분명했다. 〈그림 6-1〉이 보여 주듯이, 저소득층의 경우 공적연금에 주로 의존하는데, 공적연금의 소득 대체율은 높지 않다. 반면, 고소득층으로 갈수록 직업연금이나 개인연금, 그리고 투자 소득과 근로 소득까지 가지고 있다. 소득원의 차이가 노후 불평등의 원인이 되고 있는 것이다. 특히 하위 3분위까지도 여전히 직업연금이나 개인연금으로부터의 소득이 낮게 나타나는 현상은, 1980년대 이래 보수당-노동당

표 6-2 | 영국 연금 가입자의 감소 추세

단위: 100만 명, UK 전체

연도	민간연금 가입자 수	공적연금 가입자 수	피용자 가입 비율(%)	
			확정급여형	확정기여형
1975	6.0	5.4	48	1
1979	6.1	5.5	49	1
1983	5.8	5.3	51	2
1987	5.8	4.8	47	2
1991	6.5	4.2	44	4
1995	6.2	4.1	42	5
2000	5.7	4.4	37	4
2004	4.8	5.0	35	5
2006	4.4	5.1	34	4

주: 공적연금은 모두 '확정급여형'으로 간주.
자료: Government Actuary's Dept Surveys of Occupational Pension Scheme 1975 to 2005(2005년은 사적연금만 조사);
ONS First Release *Occupational Pension Scheme Survey* 2006(2007/07/10), House of Commons Library(2007)
(http://www.parliament.uk/documents/commons/lib/research/rp2007/rp07-094.pdf)에서 발췌 재인용.

정부의 끈질긴 시도에도 불구하고 여전히 민간연금이 저소득층을 위한 노후소득보장책이 되기 어렵다는 사실을 보여 준다.

마지막으로 영국 연금 체계의 근간이었던 직업연금의 축소 경향을 들 수 있다. 이런 사실은 개혁의 시동이 걸린 후인 2002년 연금위원회의 조사 과정에서 더욱 선명히 드러났다. 가장 심각한 이상 징후는 영국 2층 연금의 근간이었던 확정급여형 직업연금이 급속히 폐쇄되어 가는 경향(〈표 6-2〉), 그리고 민간연금 회사들의 지불불능default 위험에 대한 우려가 증대하고 있다는 것이었다.

기본적으로는, 직업연금은 고용주와 피용자의 자유계약에 의한 것이므로, 고령화나 주식시장의 악화로 연금 회사가 기존의 확정급여형 연금을 폐쇄하고 확정기여형 연금으로 전환하든, 수지를 못 맞춰 파산을 하든, 그것은 시장에서 계약 당사자들의 문제였다. 그러나 노동당 정부의 입장에서 볼 때 직업연금이 관대한 확정급여형에서 점차 확정기여형으로 바뀌거나 지불불능 위험에 빠지게 된다는 것은 그냥 관망할

수 없는 사태였다. 타국에 비해 국가연금이 빈약한 상태에서 직업연금
은 영국인들의 노후를 상당 부분 책임지고 있었기 때문이다.

2. 연금위원회의 구성과 보고서 출간[1]

집권 2기로 들어서면서 권력 기반을 강화한 토니 블레어 총리는 집권
초기와 달리 노후보장 문제들에 대한 좀 더 근본적인 대응이 필요하다
고 판단했다. 그리고 2002년 여름, 노동연금부 및 재무부와의 숙의를 거
쳐 정책 대응을 위한 조사와 자문을 해줄 연금위원회를 만들고자 했다.
　　그러나 기본적으로 재정지출 확대를 반대하는 재무부, 그리고 블레
어보다 신자유주의적 지향을 지닌 재무부 장관 고든 브라운은 재정지
출의 확대를 가져올 수도 있다는 점에서 연금에 대한 전면적 검토를 꺼
렸다. 브라운은 자산조사를 통해 지급되는 최저소득보장 제도를(2003년
이후 '연금크레디트') 확대함으로써 가장 가난한 노인들의 빈곤을 구제하
는 것 이상의 정책 대응은 생각하지 않았다. 갈등과 조율을 거쳐 그해
겨울까지 재무부는 연금위원회를 만들자는 총리실의 주장에 겨우 동의
했지만 이견은 여전했다. 총리는 연금 체계 전반을 살펴보는 독립적이
고 광범위한 권한을 연금위원회에 주고자 했으나, 재무부는 위원회가

1_이하는 김영순(2013)에 크게 의존했다.

국가연금을 제외한 민간연금만을 검토하기를 원했다. 또한 연금 체계에 대한 검토를 여전히 재무부가 주도하고 지배력을 행사하기를 원했다(Sheldon 2007, 129-31).

거우 합의된 연금위원회의 공식적인 목적은 민간연금, 즉 직업연금과 개인연금 저축의 추세를 살펴보고 현재와 같은, 노후 준비에 대한 (국가 개입 없는) '자발적 접근'voluntarist approach이 향후 얼마나 효과적일지를 평가하는 것, 그리고 이런 평가에 기반해 현재의 자발적 접근을 넘어서는 대응이 필요한지를 정부 주무 부서인 노동연금부에 권고하는 것이었다(Rutter 2012, 87).

연금위원회는 세 명으로 구성되었는데 정부의 핵심 세 부서가 한 명씩 추천했다. 총리가 추천한 전 영국산업연맹CBI 대표이자 당시 메릴린치Merrill Lynch 부회장이었던 아데어 터너Adair Turner, 재무부 장관이 추천한 전 영국노동조합회의TUC 의장 지니 드레이크Jeannie Drake, 그리고 노동연금부 장관이 추천한 런던정치경제대학교LSE 교수 존 힐스John Hills가 그들이다. 이들을 보좌할 기구로, 노동연금부에서 차출된 인력으로 작은 사무국을 만들었고 노동연금부 내부에도 연금위원회에 관해 장관에게 자문하기 위한 부서 조직이 만들어졌다. 위원장은 터너가 맡았고, 이후 이 연금위원회는 '터너 위원회', 연금위원회가 발간한 보고서는 '터너 보고서', 그리고 이에 기반해 이루어진 연금 개혁은 '터너 개혁'으로 불리기도 했다. 세 명의 위원들은 경력상 각각 경영계, 노동계, 그리고 독립된 학계를 대표하는 듯 보이지만, 사실상 각자 자신의 영역을 대표하기보다는 논쟁의 탈정치화·탈당파화를 통한 합의 형성에 각별한 노력을 기울였다. 특히 위원장 터너는 뛰어난 지도력을 발휘해 세 명의 위원들이 위원회를 각자 자기가 원하는 방향으로 끌고 가려 하기보다는 연

금 문제의 정확한 분석과 문제 해결에 뜻을 모으도록 이끌었다.[2]

연금위원회가 초기 단계에서 특히 역점을 두었던 것은 방대하고도 꼼꼼한 기초 자료의 구축이었다. 위원회는 의도적으로 보고서를 두 단계로 나누고 1차 보고서는 '사실을 제시'하는 데 집중했다. 이는 최소한 "상태 분석에는 동의하지 않는 사람이 없도록" 함으로써 향후 어떤 정책이 필요한지에 대한 합의의 발판을 만들기 위함이었다(Rutter 2012, 89). 표와 그래프로 가득 찬 2004년의 1차 보고서("Pensions: Challenges and Choices")는 이런 목적을 훌륭히 달성했다.[3]

1차 보고서는 그간 당연한 것으로 간주되던 것을 뒤집는, 훨씬 근거가 단단한, 그리고 우려스런 전망치들을 내놓았다. 보고서는 이제까지의 느슨한 전망과 달리 높은 기대 수명, 낮은 출산율 때문에 2050년까지 노인 인구 부양 비율은 현재의 두 배가 될 것이라는 충격적 수치를 내놓았다(〈그림 6-2〉). 또한 35세 이상 피용자의 무려 60%가 이대로 둘 경우 노후 생활이 어려울 정도로 부적합한 연금을 갖게 될 것이고, 개인

2_세 명이라는 이례적으로 단출한 연금위원회의 구성에 대해, 정부연구소(Institute of Government)의 프로그램 국장 질 러터(Jill Rutter)는 연금위원회의 일차적 역할이 광범위한 사회적 합의 창출보다는 정부 입장에서 가용한 정책 대안을 찾는 데 있었기 때문이라고 설명했다. 이를 위해서는 다양한 이해관계자들의 모임보다 심도 높은 조사와 심의를 할 수 있는 군살 없는 조직이 오히려 유리했고, 세 명의 위원은 이런 목적에 잘 부합하는 인물이었다는 것이다. 그녀는 이런 구성이 연금위원회가 추진력을 가지고 일을 하는 데 크게 도움이 되었다고 지적했다(질 러터 면담).

3_보고서가 나온 뒤 보수적 시사 주간지 『이코노미스트』는 "뭐가 잘못될 때 일단 부인부터 하고 보는 게 정부의 일차 반응이나, 이번 보고서는 이를 불가능하게 했다"고 논평했다(*The Economist* 2004/10/14).

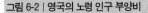
그림 6-2 | 영국의 노령 인구 부양비

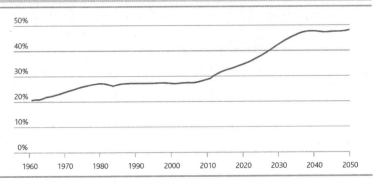

자료: GAD 2002-based principal population projection, UK; ONS Population estimates unit, UK,; PC(2004, 7).

저축은 이를 메우기 위해서는 턱도 없이 모자랄 뿐만 아니라 계급별로 매우 불균등하게 분포되어 있음을 선명히 보여 주었다.

보고서는 또한 그간 공적연금의 빈약함을 메워 온 민간연금이 급속히 쇠퇴하고 있으며, 향후 더 그럴 수밖에 없음을 보여 주었다. 그동안 상대적으로 관대했던 확정급여 직업연금은 거품에 의존한 주식시장의 불건전한 활황과 잘못된 기대 수명 예측에 근거해 유지될 수 있었으나 이는 더는 불가능해졌다는 것이었다. 주식시장 활황이 끝난 2000년 이후 1995~2004년 사이에 민간 부문 확정급여 직업연금이 포괄하는 실질 인구가 무려 60%나 줄었고, 향후 더 줄어들 것이었다. 확정급여 연금들은 훨씬 덜 관대한 급여를 제공하며, 높아지는 기대 수명과 기금 운용의 리스크를 가입자에게 더 많이 전가하는 확정기여 방식으로 급속히 전환되고 있었다. 게다가 고용주들은 이렇게 조성된 환경을 자신의 기여를 줄이는 기회로 이용하고 있었다. 확정기여 방식을 채택한 기업에서 고용주들은 거의 확정급여 방식을 택했을 때의 3분의 2 정도로, 더 적게 기여를 하는 것으로 보고되었다(Taylor-Gooby 2005, 130).

물론 더 큰 문제는 확정기여 연금조차 가지지 못한 사람들, 즉 (확정급여든 확정기여든) 직업연금을 제공할 수 있는 괜찮은 직장을 가지지 못한 사람들이었다. 이들은 직장 이동에 따라 민간연금을 여기저기 옮겨다녔는데, 이에 따라 이들의 연기금 적립 예상액이 중복 과대 계산되었으며, 사실상 적립액은 그간 공식 혹은 민간 통계가 제시했던 것보다도 훨씬 적다는 충격적인 사실이 처음 밝혀졌다. 저임금 소득자, 중소기업 노동자, 경력 단절의 여성 노동자에게 예상보다 훨씬 큰 공백이 있음이 확인되었고, 이대로 두면 광범위한 노년 빈곤이라는 사태를 막을 수 없으리라는 사실이 명확해진 것이다. 또한 이들이 최후로 의존하게 되는 연금크레디트의 자산조사는 복잡성을 증대시킬 뿐만 아니라 조세체계로 인해 저축에 대한 인센티브를 줄이고 있다는 점도 지적되었다(PC 2004, x-xiii; Hills 2007, 8-9).

위원장 터너는 특히 우려스런 사실로 다음 세 가지'three killer facts'를 꼽았다(Rutter 2012, 91-92). 첫째, 민간 부문에서 피용자로 일하면서 순전히 국가연금에만 의존하는 사람들이 1995년 46%에서 2004년 54%로 증대했다.[4] 이는 노후 대책으로서 민간연금의 실패와 국가연금이 감당해야 할 책임을 보여 준다. 둘째, 조사 결과 단지 0.5%의 사람들만이

4_대처 정부 이래 민간연금을 노후소득보장 체계의 주축으로 삼고자 온갖 무리한 정책적 노력을 기울였음에도 불구하고, 그리고 국가연금이 그토록 빈약한 급여만을 제공함에도 불구하고, 그 결과가 이렇다는 사실은 민간연금 중심의 적정 노후소득보장이 현실적으로 가능한가라는 의문을 불러일으켰다.

경제학자들이 얘기하는 '합리적' 근거에 의거해 개인연금의 저축 결정을 내리고 있다. 셋째, (빈약한 국가연금은 기업연금을 필수적인 것으로 만들어 왔지만) 중소기업은 현재 상태에서는 직업연금을 제공하는 것이 사실상 불가능하다. 신용도가 낮고 규모가 작은 이들 기업의 기업연금은 관리 비용이 너무 높아 결국 피용자 기여분의 상당 부분이 연금 회사의 관리 비용으로 쓰이게 된다.[5]

결국 연금위원회 첫 보고서는 현재의 국가연금 체계와 현재의 자발적 체계의 결합으로는 불충분·부적절한 연금 문제를 해결할 수 없음(Hills 2007, 9)을 보여 주었다고 할 수 있다. 이런 사실들은 영국인에게 피할 수 없는 선택을 요구하는 것이었다. 연금위원회에 따르면 그 선택지는 다음 네 가지였다(PC 2004, xiv).

1. 현상 유지. 이는 대부분의 사람들이 노인이 되면 가난하게 살아야 함을 의미한다.
2. 연금에 쓸 조세 인상.
3. 노후를 위한 사적 저축 증대.
4. 평균 퇴직 연령 상향 조정. 이는 국가연금 수급 연령의 상향 조정을 의미한다.

5_예컨대 유니레버 같은 대기업은 단지 가입자 총 기여액의 0.1%만을 관리 행정비용으로 썼던 반면, 소기업들은 1년간 기여액의 1.5~2.0%를 행정비용으로 지출했다. 소기업의 직업연금을 관리하는 연금보험 회사들은 소기업의 불안정성과 높은 위험부담, 그리고 피용자들의 잦은 이용들을 이유로 높은 행정비용을 요구하기 때문이다. 소기업의 경우 이런 과다한 행정비용은 장기적으로 피용자당 잠재적 연금의 30%를 잡아먹는 역할을 했다(Rutter 2012, 92).

그중 첫 번째는, 뒤에 언급할 광범위한 국민 협의 과정에서 드러나듯, 영국민의 절대다수가 반대했다. 그렇다면 남은 선택지는 셋이 아니라 사실상 하나였다. 최소한 현재의 생활수준을 연금 소득자가 유지하기 위해서는 현행 GDP 10%에서 15%로 연금 비용이 증대되어야 하고, 그러려면 나머지 세 개의 수단 모두가 동원되어야 했던 것이다.

이는 영국의 연금 체계 전반을 손보는 전면적 개혁을 의미했다. 그리고 이는 여러 이해 당사자들의 반발과 갈등을 불러일으킬 수 있는 매우 위험스런 일이었다. 연금 수급 연령 인상은 국민 대다수가 반대할 사안이었다. 정부 내부에서도 지출 확대에 대해 재무부가 반발할 것은 불을 보듯 뻔한 일이었다. 오랜 밀고 당기기 끝에 민간연금 쪽만 살펴보기로 선을 긋고 출발한 처음의 약속과 달리, 위원회가 제시한 선택지들은 사실상 국가연금을 손대는 것이 불가피함을 암시하고 있었다.

위원회는 가능한 한 정치적 논란을 피하기 위해 현 연금의 상태가 누구 때문이라고 지목하고 비판하기보다는 장기적으로 누적된 결과임을 강조했다. 그리고 2005년, 국가연금까지 포함하는 개혁 방향과 대안을 담은 2차 보고서("A New Pension Settlement for the Twenty-First Century")를 발간했다. 2차 보고서에 나타난 위원회의 주요 권고 사항은 다음과 같았다(PC 2005).

첫째, 기초연금 급여를 물가 연동에서 다시 소득 연동으로 변경함으로써 기초연금이 기초 보장의 역할을 할 수 있도록 한다.[6]

6_연금위원회에 따르면 현상을 유지할 경우 2050년 노인 인구 중 공공부조 수급자는 70%가 넘을 것으로 예상되었다. 그러나 소득 연동으로 바꿀 경우 이 비율은 40%로 떨어질 것

둘째, 기초연금의 경우 여성과 돌봄 제공자의 권리를 강화해 기여보다 거주를 기준으로 지급한다(이는 기초연금을 기여와 무관한 보편적인 시민연금citizens' pension으로 만든다는 것을 의미했다).

셋째, 연금크레디트 등 공공부조성 급여에서 자산조사 기준을 완화함으로써 사적 저축 동기의 약화를 방지한다. 이로 인한 지출 증가는 증세로 충당한다.

넷째, 평균수명의 증대를 감안해 기초연금 수급 연령을 현 남성 65세, 여성 60세에서 2030년에는 남녀 공히 66세, 2040년 67세, 2050년 68세로 올린다.

다섯째, 가입이 저조한 2층의 민간 개인연금을 대신할 저비용 적립 방식의 의무 가입 개인연금인 '국민연금저축'NPSS 제도를 도입한다. 모든 고용주는 피용자를 NPSS에 자동 가입시켜야 하며, 고용주가 이보다 나은 조건의 직업연금을 제공할 수 있고 피용자가 이를 선호할 때만 외부 대체가 가능하다. NPSS의 최소 의무 기여 기준은 피용자 소득의 8%로, 4%는 피용자가, 3%는 고용주가, 1%는 정부가(조세 감면 형태로) 기여한다.[7] NPSS의 거버넌스 주체로는 정부 부처는 아니지만 공적인 기구non-departmental public body를 만들고, 국세청이나 연금 재정 기구가 기여금 징수와 운용을 이 기구에 아웃소싱한다.[8]

으로 예상되었다.

7_이렇게 될 경우 고용주가 부담하는 NPSS 기여 비용은 총 노동비용의 0.6% 정도가 될 것으로 추정되었다. 한편 NPSS는 후에 직장인연금저축(NEST)으로 개명되었고, 제도 실시 시기는 보수-자유 연립정부에 의해 일반 기업은 2012년으로, 그리고 신규 창업 기업들은 1~2년 늦게 실시하는 것으로 미뤄졌다.

여섯째, 기존 제2국가연금의 균등률화를 가속화하되 돌봄 제공자에 대한 크레디트를 개선한다.

이런 제안이 실현된다면 새로운 다층 체제가 만들어지고 평균 소득 피용자의 경우 약 60~66%의 소득 대체율을 갖는 연금 패키지가 마련될 수 있을 것으로 전망되었다. 즉 기초연금 17%, 정액의 제2국가연금 14%(44년 기여 시), NPSS 15~18%, NPSS에의 자발적 추가 기여분 15~18%를 합하면 그럭저럭 노후를 꾸릴 만한 연금이 된다는 것이었다.

연금위원회 위원 중 한 사람이었던 존 힐스에 따르면 위원회는 개인들의 선호와 경제적 형편의 상이성을 감안해 일반적인 강제적 틀보다 최소한의 틀을 마련하는 데 주력했다(존 힐스 면담). 예컨대 NPSS는 최소 기여 기준이 8%였지만 자발적으로 기여를 두 배로 할 경우 소득 대체율은 15~18%에까지 이를 수 있었다. 그리고 이 경우 연금의 소득 대체율은 국가연금 30%와 합쳐져 약 60~66%에 이를 것으로 예측되었다.

연금위원회 제안 중 이해 당사자들 사이의 주요 쟁점은 ① 연금 수급 연령을 인상하는 문제, ② 연금위원회가 제시한 NPSS 모델인가, 비슷한 내용의 변형 모델을 택할 것인가, ③ 피용자들에게 외부 대체의 권리를 인정하듯 고용주에게도 같은 권리를 인정할 것인가, ④ 중소기업, 특히 영세 소기업들에게 제도 도입 전 유예기간을 허용할 것인가, ⑤ 피

8_ 이런 조항들은 그동안 노조가 요구해 왔던, 기업연금에 대한 모든 피용자의 자동 가입 및 고용주의 공동 기여라는 주장을 변형해 수용한 것으로 볼 수 있다. 다만 노동당은 그동안의 연금 개인화 기조에서 벗어나지 않은 채 직업연금이 아닌 개인연금이라는 틀에 이 요구를 담았다.

용자 고용 후 연금에 자동 가입시키는 데 있어 일정한 대기 기간을 둘 것인가 등이었다. 그중 ③, ④, ⑤는 모두 소기업 고용주들의 요구 사항이었다. 이제 이런 쟁점들을 둘러싼 여러 이해 당사자 간에 갈등과 타협이 어떻게 진행되었는지 살펴보자.

3. 연금 개혁의 정치

이해 당사자들의 의견 수렴

2006년 5월 노동연금부는 연금위원회의 2차 보고서 내용을 그대로 담은 백서 "노후 생활 보장: 새로운 연금 체계를 향하여"Security in Retirement: Towards a New Pension System를 간행하고 두 단계에 걸쳐 입법할 것을 예고했다. 노동연금부는 연금위원회와 더불어 연금위원회의 2차 보고서가 나온 뒤, 그리고 백서 발간 직전, 광범위한 여론을 청취하고 합의를 형성하기 위해 노력했다. 이전처럼 논란과 갈등만 부르고 개혁이 좌절되거나, 정권이 바뀐 뒤 뒤집히지 않고 장기적으로 유지될 수 있는 대안을 마련하기 위해, 이해 당사자들 및 시민들의 의견이 표출되는 다양한 장이 마련되었다. 의견 수렴의 대표적 통로는 ① 의회와 노동연금부가 연금위원회의 1, 2차 보고서가 나온 뒤인 2005년과 2006년 각각 여러 이해 당사자들에게 입장을 제출할 것을 요구하고 이에 반응해 이해 당사자들이 제출한 메모랜덤들, ② 노동연금부와 연금위원회의의 이해 당사자들과 진행한 공식·비공식적 협의들, ③ 좀 더 대중적인 이벤트성

공적 협의public consultation 등 세 가지였다.

　먼저 위 ①, ②의 채널을 통해 표출된 주요 이해 당사자들의 입장은 다음과 같았다.

　먼저 경영계의 입장을 대표하는 영국산업연맹CBI은 국가연금의 개혁, 그리고 새로운 저비용 저축 연금(NPSS) 도입을 환영하면서 연금위원회 2차 보고서의 내용에 대해 대부분 지지를 표했다. 조세 증대를 우려하는 CBI에게 국가연금 수급 연령 상향 조정은 반가운 소식이었다. CBI는 연금 수급 연령이 상향 조정된다면 기초연금의 소득 연동은 받아들일 수 있다고 주장했다. 이는 공공 지출을 늘리기는 하겠으나 그럴 경우 공공부조 수급을 위해 자산조사를 받아야 하는 사람들이 줄어들 것이고[9] 자산조사 한계선에 있던 사람들의 저축 유인을 높일 수 있다는 점에서는 바람직하다고 보았던 것이다.

　그러나 CBI는 기초연금을 기여가 아닌 거주에 기반해 주어지는 보편연금으로 만들려는 위원회의 제안에는 반대했다. CBI는 보편적 접근법은 노동 유인을 떨어뜨리고 정부의 '일을 위한 복지' 전략welfare-to-work strategy과도 상충하기 때문에 (유급 노동이든 무급 돌봄이든) 기여한 사람들에게만 급여를 주어야 한다고 주장했다. 그리고 보편 수급권이 도입되면 가장 큰 수혜자가 될 여성들의 연금 수급권 개선을 위해서는 다른 방법, 즉 유급 노동을 하지 않은 사람들에게 제2국가연금의 수급권

9_연금위원회에 따르면 현상을 유지할 경우 2050년 노인 인구 중 공공부조 수급자는 70%가 넘을 것으로 예상되었다. 그러나 소득 연동으로 바꿀 경우 이 비율은 40%로 떨어질 것으로 예상되었다.

을 확대하거나, 혹은 자발적인 국민연금 기여 6년 제한 규정을 폐지하는 것 등을 고려해야 한다고 주장했다(CBI 2006; 2007).

CBI는 NPSS 스타일의 저비용 개인연금의 도입에 대해서도 기본적으로는 환영의 뜻을 표했다. 연금위원회가 제시한 사실들에 따르면 너무나 많은 사람들이 노후에 빈곤 상태에 빠지게 될 것이고, 그럴 경우 이들을 결국 세금을 통한 공공부조로 부양해야 할 것이며, 이는 결국 증세를 의미했기 때문이다. 게다가 이미 탄탄한 기업들은 NPSS가 제공하는 것보다 고용주의 부담이 훨씬 큰 양질의 직업연금을 피용자들에게 제공하고 있었고, 이로써 외부 대체를 받을 수 있기 때문에 NPSS의 도입에 영향을 받지 않을 것이었다(마리오 로페스-아레우 면담).

그러나 CBI는 NPSS의 세부 사항들에 대해서는 여러 가지 반대를 제기하면서 대안적 모델을 제시했는데 CBI의 주장은 다음과 같았다(CBI 2006).

첫째, CBI는 NPSS의 의무화에 반대한다. 규모가 작은 기업, 특히 (250인 이하 사업장을 뜻하는) '중소기업'small and medium enterprises, SMEs에 NPSS 도입과 기여를 강제하는 것은 고용과 성장을 저해하고[10] 결국 연금 제공 수준을 하락시킬 것이다. 또한 피용자들이 경제적 형편과 상황에 따라 NPSS를 외부 대체할 권리를 갖듯, 같은 논리가 고용주들에게도 적용되어야 한다. 이는 NPSS보다 훨씬 양질의 직업연금을 제공할 때만 부여하는 고용주의 외부 대체 권리를 모든 (사실상 조건이 나쁜) 다

10_CBI는 고용주 의무 기여는 5인 이하 소기업 고용주들에게는 약 1%의 노동비용 증대를 초래할 것이라고 주장했다(CBI 2006).

른 직업연금에도 적용해 달라는 것을 의미했다. CBI는 또한 연금으로 인한 고용주 부담이 늘어나는 것을 상쇄하기 위해 정부가 임금 희생 캠페인도 추진해야 한다고 주장했다.

둘째, 중소기업의 경우 부담을 고려해 다른 기업들보다 NPSS 시행 시기를 늦춰야 한다.

셋째, NPSS 대신 CBI가 개발한 '동반자 연금'partnership pension이 더 나은 대안이 될 수도 있다. 동반자 연금은 외부 대체의 권리를 인정해 비강제적 성격을 갖는데, 고용주와 피용자가 각각 2%와 4%를 기여하며 정부가 2%를 기여(1%는 세금 감면으로 1%는 순수 기여로)한다.

소기업 고용주들을 대표하는 공업고용주연맹EEF은 연금 개혁이 불가피하다는 데 대체로 동의하는 편이었으나 고용주의 부담을 우려해 여러 유예 조치를 요구했다(EEF 2006). 그러나 결국 CBI는 한쪽으로는 이들의 목소리를 대변해 주면서도 개혁의 포괄적 틀을 받아들이는 것으로 입장을 정한다. "큰 기업들이 결국 큰 목소리를 냈고", 주요 세 정당 간에 합의가 만들어진 상황에서 이에 반대해 고립을 자초할 수도 없었기 때문이다(마리오 로페스-아레우 면담).

다음으로 연금 산업 쪽의 입장을 대표해서는 영국보험사연합회ABI, 투자기금연합회, 전국연기금연합회 등 다수의 이해관계자가 메모랜덤을 제출했다. 여기서는 영국 최대의 연기금 회사들의 연합체인 전국연기금연합회NAPF의 입장을 중심으로 살펴보겠다(NAPF 2006).

첫째, NAPF는 기초연금의 개혁을 환영했고, 또한 (CBI와 달리) 이를 보편연금화(시민연금을 도입)하는 데도 찬성했다. 즉 연금위원회가 제시한 대로 연금 수급 연령을 점차 올리되, 시민연금은 소득에 연동되는 균등 급여(2005/06 회계연도 기준 주 109파운드)를 모든 연금 연령 이상의 시민에게 지급하는 데 찬성했다. 이런 NAPF의 입장은 기초연금이 튼튼해질 때 직업연금 쪽의 부담, 특히 영세 소기업과 이들의 직업연금보험을 담당하고 있는 작은 연금 회사들의 부담이 작아질 수 있다는 판단에 따른 것이었다(헬렌 포레스트 면담).

둘째, 영국 최대의 직업연금 기금 회사들의 연합체로서 NAPF는 새로운 의무 연금의 도입이 기본 직업연금, 특히 그 노른자위인 확정기여 연금 체계에 부정적인 영향을 주지 말아야 한다고 주장했다. 연금이 없는 저소득자들에 대한 대책도 중요하지만 이미 확정급여 시스템에 1조 파운드를 저축한 사람들도 중요하며, 확정기여 연금의 상승하는 비용을 관리하고 억제하도록 정부가 고용주들을 도와주어야 한다는 것, 이 문제에 정부가 관심을 가질 때 고용주들은 이 고품질 연금을 계속 유지하리라는 것이었다(헬렌 포레스트 면담). NAPF는 조건이 더 나은 모두에게 자동 가입이 제공되는 기업연금으로 NPSS를 외부 대체할 수 있게 한 조치를 환영했다. 그리고 노동연금부가 외부 대체를 위해 허용한 3~6개월의 대기 기간을 좀 더 연장해 주어야 한다고 주장했다.

셋째, 가장 논쟁적인 제안은, NAPF가 NPSS와 비슷하나 더 바람직하다고 제안한, 스스로 개발한 대안 모델인 슈퍼트러스트super trusts 모델이었다. 슈퍼트러스트는 자동 가입 원칙, 저비용 지향, 포괄 범위의 획기적 확대라는 점에서 NPSS와 원칙을 공유하고 있었으나 국가가 운영하는 하나의 단일 체계가 아니라 복수의 시장 보험자insurers를 갖는다는 점에서 NPSS와 달랐다.[11] 그러나 아래 보게 될 것처럼, TUC와 시민운동단체들은 일종의 제한적 개방 시장 모델open market model인 이 모델에 반대한다.

다음으로 노동계를 대표하는 영국노동조합회의TUC를 살펴보자.

TUC는 연금 수급 연령의 상향 조정에 강력하게, 가장 나중까지 반대했다. 그러나 이를 제외한 연금위원회의, 그리고 백서의 거의 모든 안, 특히 NPSS에 대해 강력한 지지를 표했다. 사실상 NPSS는 모든 기업에 '의무적 직업연금'을 도입해야 한다는, 연금 정책에 대한 TUC의 전통적 입장과도 일맥상통하는 것이었다. TUC는 NPSS의 도입과 고용주의 의무적 기여, 기초연금을 소득 연동 산정으로 전환, 기초연금의 보편연금화를 통한 여성들의 권리 강화 등을 환영했다(TUC 2006).

한편 TUC는 CBI 쪽에서 요구한 고용주 의무를 약화시키려는 어떤 제안에도 단호히 반대했다. TUC는 '피용자는 외부 대체 선택 가능, 고용주는 외부 대체 선택 불가'라는 위원회 안을 지지하면서 모든 고용주의 외부 대체를 허용하면 소기업주들이 모두 그렇게 하려 할 것이고 그렇다면 이전과 아무 것도 달라지지 않을 것이라고 주장했다. 이는 1,500만 내지 2천만 명에 달하는 노동 연령대의 사람들이 현재 부적절한 연금, 혹은 무연금 상태라는 심각한 문제를 해결하지 않겠다는 말과 다름없다는 것이었다. TUC는 또한 어떤 형태의 대기 기간, 혹은 유예기간 도입 주장에도 반대했다.

TUC는 중소기업에 대한 NPSS 면제, 혹은 기여금 감면 주장도 타당치 않다고 주장했다. ① 900만 명이나 이 부문에 종사하고 있으며, 사실상 (노후를 위한) 과소 저축 문제가 가장 심각한 곳, 따라서 가장 NPSS가

11_슈퍼트러스트는 대규모 비영리의, 그리고 여러 고용주에 대해 제공되는 확정기여 연금을 제공하는 사업자로 현재의 소매연금과 직업연금의 중간쯤에 위치하는 금융기관이다. 자세한 것은 NAPF(2007)를 참조하라.

필요한 것이 이 부문이고, ② 위원회가 기업의 기여율을 3%로 낮게 잡은 것이 바로 중소기업 때문이므로 이미 충분히 이들의 형편이 고려된 것이라는 점이 그 근거였다.[12]

TUC는 NAPF나 ABI에 의해 제안된 대안 모델 대신 NPSS 모델을 강력하게 지지했다. 이들 모델은 제한된 개방 시장 모델인데, 과거 개방 시장 방식의 개인연금은 불필요한 비용, 불완전 판매, 불합리한 선택을 방지하기 위한 과도한 규제를 초래한다는 것을 이미 뼈저리게 학습한 바 있다는 것, 이들 모델은 NPSS가 제공할 낮은 관리 비용의 근처에도 쫓아오지 못할 것이고 결국 이 때문에 낮은 연금을 지급할 것이며, 거버넌스도 우려된다는 것이 TUC의 입장이었다. TUC는 또한 직업연금에 피용자들을 자동 가입시키는 것이 의무화되기 전에 6개월의 준비 기간을 고용주에게 주자는 CBI의 주장에도 반대했다(TUC 2006).

TUC는 국가연금 연령의 상향 조정에는 강력히 반대했다. TUC는 수차례 반대 성명을 냈고, 2005년 당대회에서도 연금 연령 상향에 반대하는 결의를 통과시킨 바 있었다. 조합원들의 이런 반대에도 불구하고 TUC는 자문 및 의견 수렴 절차의 마지막 단계에서 결국 연금 개혁 패키지의 일부로서 연금 연령 상향 조정을 받아들이게 된다. 이는 연금위원회의 보고서가 보여 주는 엄연한 사실들 — 인구 고령화 추세와 비용 문제, 현실적으로 가능한 세금 증대의 범위 — 속에 사실상 이를 받아들일 수밖에 없다는 판단, 그리고 TUC 출신의 연금위원회 위원 지니 드레이

12_노조의 원래 목표는 기여율 15%에, 고용주 의무 기여율 10%였다.

크의 설득이 중요한 작용을 했다고 한다(질 러터 면담).

마지막으로 시민운동단체들의 입장은 대체로 연금위원회-정부안을 환영하는 쪽이었다. 시민운동의 입장을, 노후 문제에 대한 자선 기관, 전문 기관, 이익 단체 등 100여 개 이상의 전국적 단체의 협의회인 노후협회를 중심으로 살펴보자. 노후협회는 좀 더 장기적인 관점에서 오래 유지될 수 있는 연금제도를 구축하려는 연금위원회의 제안의 대부분, 특히 저소득층과 여성들을 위한 전향적 조치들을 지지했다. 협회는 기초연금의 포괄 범위는 거주를 기준으로 하든 기여를 기준으로 하든 지금보다 확대되어야 하며, 75세 이상에 대한 보편연금은 반드시 연금 개혁 패키지의 일부가 되어야 한다고 주장했다(Age Concern England 2006).

노후협회는 TUC처럼, 그리고 대부분의 다른 시민운동단체처럼 국가연금 수급 연령을 69세로 상향하려는 조치에 강하게 반대했다. 나중에야 노후협회는 국가연금 연령을 65세 이상으로 올리는 것은 국가연금의 향상, 건강 불평등의 감소, 최빈층의 보호, 그리고 노년 고용 확대 조치 등의 조건이 충족될 때만 받아들일 수 있다고 한발 물러섰다.

노후협회는 NPSS의 도입과 외부 대체라는 선택을 동반한 자동 가입 원칙을 환영하면서, 소기업의 부담을 줄일 조치는 필요하나 적용에서 이들을 면제하는 것에는 반대했다. 그리고 고용주들에게 현재의 양질의 직업연금을 유지·강화하도록 고무하는 조치도 필요하다고 주장했다. 노후협회는 또한 대기 기간이 없어야 한다는 정부 입장을 지지했다. 안 그럴 경우 일자리를 자주 바꾸는 사람은 피해를 보게 될 것이며, 현행 국민보험이나 조세가 일을 시작하는 바로 그 순간부터 적용되듯 NPSS에도 같은 원칙을 적용해야 한다는 것이었다(Age Concern 2006).

한편 시민운동단체 중 여성운동 단체들은 기초연금의 보편연금화를, 평생 누군가를 돌보면서 사는 여성들이 노년에 가져야 할 당연한 권리로 내세우면서 이를 도덕적 이슈로 부각시켰다(Rutter 2012, 94).

대중적인 숙의적 협의

이처럼 의회를 통한 이해 당사자들의 의견 수렴, 연금위원회의 다양한 협의 회합을 통한 의견 수렴 외에도, 노동연금부는 연금위원회의 협조 하에 광범위한 대중 협의를 진행했다. 먼저 2005년 2월 『개혁의 원칙: 전국민적 연금토론』Principles for Reforms: The National Pension Debate을 출간한 뒤 노동연금부 국무상들이 6월부터 11월까지 영국의 여덟 개 지역에서 일반 대중 그리고 지역 이해 당사자들과 '전 국민 연금 토론'National Pension Debate을 개최했다. 이는 연금 문제에 대한 인식을 공유하고 가능한 선택지에 대해 대중이 의견을 표출할 수 있도록 하기 위한 것이었다. 2005년 11월 연금위원회의 두 번째 보고서가 출간되자, 토론은 이 보고서를 기초로 하는 일반 대중 및 이해 당사자와의 숙의적 협의deliberative consultation로 전환되었다.

한편 노동연금부는 2006년 3월 18일 영국 여섯 개 지역(런던·버밍엄·뉴캐슬·사우스웨일스·글래스고·벨파스트)에서 1천여 명의 시민들이 동시에 참여하는 '전 국민 연금의 날'National Pensions Day이라는 숙의적 협의와 여론조사deliberative polling를 겸한 행사를 개최했다.

전국 각지에서 참여한 시민들은 하루 온종일 연금에 대해 토론한다는 아이디어에 놀라움과 열정을 가지고 반응했다(Hills 2007). 이들은 연금위원회로부터 인구 고령화 추세, 노후를 위한 연금과 사적 저축의 실

표 6-3 | '전 국민 연금의 날'에 조사된 연금 문제에 대한 여론

	토론 전		토론 후	
	동의/강한 동의	반대/강한 반대	동의/강한 동의	반대/강한 반대
연금 소득자가 되면 나머지 사회 구성원들보다 가난하게 살 수밖에 없다.	24	59	16	78
앞으로 더 많은 세금이 연금에 쓰여야 할 것이다.	68	15	80	11
개개인들이 노후를 위해 더 많이 저축해야만 할 것이다.	70	19	88	7
사람들은 더 오래 일해야만 할 것이다. (연금 수급 연령 상향 조정을 의미)	42	45	57	33
고용주들은 피용자들의 연금에 기여해야만 할 것이다.	81	8	84	7

자료: OLR(2006); DWP(2006c); Hills(2007, 36)에서 재인용.

태, 노년 빈곤의 전망 등에 관한 명확하고 쉽게 가공된 정보들을 제공 받음으로써, 자신의 노후에 대한 막연한 생각에서 벗어나 무엇이 문제 이고 어떤 선택지가 있는지 알게 되었다. 이 행사는 정책적·재정적 해 득 능력이 높지 않은 일반 대중에게 연금을 둘러싼 문제들을 쉽게 설명 함으로써, 이 심각한 문제를 자신의 문제로 숙고할 기회로 만들었던 것 이다. 그런 다음 대중은 이 대안들에 대해 활발한 토론을 벌이고, 의견 을 표출하는 투표를 실시했다. 그리고 비슷한 과정이 온라인을 통해서 도 진행되었다. 영국 연금 개혁의 역사상 전무후무한 대규모 공적 협의 public consultation가 이루어진 것이다.

이런 숙의적 협의의 효과는 지대했다. 숙의적 협의 이전 여론조사에 서 시민 대부분은 실제 기대 수명보다 자신의 기대 수명을 훨씬 짧게 예 측하고 있었고, 연금에 대한 이해가 매우 낮았다. 또한 노후 문제를 먼 훗일로 외면하려 하고, 노년 빈곤은 싫으나 증세나 연금 연령 상향 조정 또한 싫고, 노후를 위해 더 아끼고 저축하기보다는 지금 당장 돈을 쓰면 서 잘살고 싶다는, 무책임하고 모순적인 견해들을 표출했다.

그러나 연금위원회가 제시하는 명백한 증거들에 대한 설명을 듣고 불가피한 네 개의 선택지들에 대해 토론을 하게 되자 그 이전에 비해 훨씬 합리적인 인식을 가지게 되었다. 그리고 개혁의 비용과 부담도 받아들일 수밖에 없다는 쪽으로 돌아섰다. 〈표 6-3〉이 보여 주듯이, 영국민은 나이 들면 가난하게 살 수밖에 없다는 데는 대다수가 반대했다. '전 국민 연금의 날' 토론 행사 이후 이 반대는 더 강해졌다. 또한 증세를 의미할 수도 있는 "앞으로 더 많은 세금이 연금에 쓰여야 할 것이다"라는 항목에 대해서도 토론 후에는 동의자 비율이 현격하게 늘었다. 연금 개혁 논의의 진행 과정에서 가장 대중적 반발이 심했던 국가연금 수급 연령 상향 조정안에 대해서는 '동의/강한 동의'자의 비율이 토론 전 조사에 비해 크게 늘어났다.

결국 시민들은 숙의 과정에서 문제의 심각성을 이해하게 되었고, 노후 대비의 비용과 책임을 받아들일 수밖에 없다는 판단을 하게 되었던 것이다(Hills 2007; 존 힐스 면담; 질 러터 면담).[13] 그렇게 된 가장 중요한 공로는 도저히 외면할 수 없는 '사실들'을 보여 주는 연금위원회의 기초 작업이었다.[14]

아래로부터의 합의를 위한 공적 협의와 더불어, 연금위원회와 노동연금부는 상층 수준에서 초당적 합의를 구축하기 위한 작업도 진행했

13_자세한 것은 Hills(2007)의 부록에 제시된 참여자들의 여론조사 결과를 참조하라.

14_당시 CBI 의장이었던 딕비 존스(Digby Jones)는 "CBI는 영국의 연금 시스템에 대한 연금위원회의 분석을 지지한다. 그것은 연금 위기와 개혁의 필요성을 분명하게 알지 못했던 대중이 이를 이해하는 데 있어 하나의 분수령을 만들었다"고 말했다(*The Guardian* 2006/05/25).

다. 연금위원회-고용노동부와 보수당 그림자 내각shadow cabinet의 노동
연금부 장관, 자유민주당과의 협의가 진행되었다. 이 과정에서 야당들
은 연금위원회가 제시하는 안에 광범위하게 합의하게 된다. 2005년 선
거 시기, 보수당과 자유민주당은 기초연금의 소득 연계를 공약했는데,
이는 이런 초당적 합의의 결과물이었다. 연금위원회 안을 골격으로 만
들어진 2007년, 2008년 〈연금법〉도 대체로 범정당적 지지를 얻었다.
노후 문제를 이대로 방치할 수 없으며 연금위원회의 안이 가장 합리적
인 대안이라는 데 주요 정당들의 합의가 이루어지고 개혁안이 상당 정
도 탈정치화, 탈당파화된 것이다. 이에 따라, 2010년, 정권은 노동당에
서 보수-자유민주 연립정부로 바뀌었으나 합의된 연금 개혁의 골격은
거의 바뀌지 않은 채 추진될 수 있었다.

마지막 난관은 정부 밖이 아니라 안에 있었다. 유력 일간지『파이낸
셜 타임스』*Financial Times*는, 재무부의 고든 브라운 장관이 연금위원회의
2차 보고서가 인쇄되기 직전 아데어 터너에게 편지를 보내, 재무부는
연금위원회의 안, 특히 기초연금의 소득 연동 인상을 비용 문제 때문에
실행할 수 없을 것이라고 압박했다는 사실을 폭로했다. 이후『이코노미
스트』의 '배저트'Bagehot 란은 "그 편지의 목적은 터너의 결과물에 의구
심을 표하는 것이다. 모든 의원이 알다시피, 브라운은 1년 이상 조용히
연금위원회를 폄하해 왔다"고 논평했다. 재무부는 연금위원회의 2차
보고서를 발표된 나흘 뒤 예산안을 발표하는 자리에서, 브라운이 원했
던 다른 연금 개혁안을 제시했다. 이렇게 이견이 밖으로까지 노출된 후
블레어와 브라운 간의 분주한 조정 회합들이 이루어졌다(Rutter 2012;
Sheldon 2007, 401-4; 461-5). 결국 재무부는 몇 개의 양보를 얻어 냈으나
백서에 담겼던 연금위원회안은 대부분 살아남았다.

4. 개혁의 귀결과 후속 개혁

"보다 관대하고, 보다 보편적이며, 보다 덜 자산조사에 의존하는 국가연금 체제＋직업연금 없는 피용자들을 위한 NPSS"(Hills 2006b, iii)로 요약될 수 있는 백서의 안들은 거의 모두 〈2007년 연금법〉과 〈2008년 연금법〉으로 입법화되었다. 〈2007년 연금법〉은 주로 국가연금의 개혁과 관련된 내용을, 〈2008년 연금법〉은 민간 부문에서 NPSS 도입과 관련된 조처들을 담고 있었다. 이 대부분은 2012년부터 발효되도록 되어 있었다.

실제 입법에서, 위원회의 최초 권고와 달라진 것은 다음과 같았다 (〈표6-4〉). 첫째, 기초연금의 소득 연동 실시 시기를 위원회는 2010년으로 권고했으나 백서와 연금법에서는 2012년부터로 되었다. 어쨌든 이는 1980년대 초 대처 정부 시기 임금 연동에서 물가 연동으로 변화한후 실로 20년 만에 기초연금의 산정 산식을 되돌리는 변화였다. 그동안 노조나 진보적 시민운동이 그토록 오랫동안 주장해 왔고, 1992년 이전에는 노동당 역시 강하게 주장해 왔으나 막상 노동당 집권 이후에는 실현되지 않았던 숙원 항목이 마침내 실현된 것이다.

둘째, 연금위원회는 기초연금의 수급권을 거주를 기준으로 하고 75세부터 보편 지급을 하도록 권고했으나, 백서와 연금법은 기여 조건을 그대로 두되 기여 기간을 30년으로 축소하는 정도의 개혁에 그쳤다. 정부가 거주에 기초한 접근이 아니라 기여 기간을 30년으로 줄이는 방법을 채택하고, 돌봄 제공자의 상당 부분을 제2국가연금에 포섭시키는 방법을 채택한 것은 대중 스스로가 거주에 기반한 보편연금을 압도적으로 지지하지 않았기 때문이다. 전 국민 연금의 날 여론조사에서 참여자

표 6-4 | 연금 개혁 개요

쟁점 / 개혁안 개요	터너 보고서 (2006년)	노동연금부 백서 (2006년)	노동당 정부 개혁 (2007년 연금법, 2008년 연금법)	연립정부 개혁 (2011년 연금법)
국가연금 수급 연령	2040년 67세 2050년 68세	2044년 68세	2034~36년, 67세 2044~46년, 68세	2026~28년, 67세 2044~46년, 68세
국가연금 급여	기초연금, 2010년부터 소득 연동	기초연금, 2012년부터 소득 연동	기초연금, 2012년부터 소득 연동	기초연금과 제2국가연금을 결합해 단일 국가연금화, 소득 연동의 균등 연금 지급(2016년 이후)
기초연금 기여 조항	75세 이후로는 거주를 기준으로 한 무기여 보편연금	기여 기간 30년으로 축소(개혁 전 남성 44세, 여성 39세)	(좌동)	기여 기간 35년으로 확대
NPSS → NEST	직업연금 없을 시 모든 피용자 자동 가입	- 2012년까지 자동 가입 - 피용자는 외부 대체 선택권	- 2012년까지 자동 가입 - 피용자는 외부 대체 선택권	- 2012년까지 자동 가입, 소기업 1~2년 유예 조치, 예외 기업에 3개월 대기 기간 허용 - 피용자는 외부 대체 선택권
NEST 기본 기여율	피용자 4%, 고용주 3%, 정부 1%	피용자 4%, 고용주 3%, 정부 1%	피용자 4%, 고용주 3%, 정부 1%	피용자 4%, 고용주 3%, 정부 1%

의 반 정도만 거주 기준 보편연금에 찬성했고 약 35%는 반대했다. 이는 영국민의 상당수가 여전히 세금에 기반한 연금을 받기 위해서는 스스로도 무언가를 — 즉 돈이든 돌봄이든 — 내놓아야 한다고 생각하고 있음을 보여 준다(Hills 2007, 37, Table 11-6).

셋째, 연금 수급 연령 상향화는 애초 위원회의 권고보다 빨라져서 기초연금 수급 연령을 현 남성 65세, 여성 60세에서 2030년에는 남녀 공히 66세, 2040년 67세, 2050년 68세로 올리기로 했다.

2010년 노동당은 선거에서 패배했고 보수당-자유민주당 연립정부가 들어섰다. 그러나 선거 이후 연립정부는 노동당이 시작한 개혁을 실행에 옮기기 위한 작업을 계속했다. 보수 연립정부는 〈2011년 연금법〉을 제정해 일부 내용들을 손질했으나 노동당 정부 개혁의 골격은 대부분 살아남았다.

〈2011년 연금법〉에 의해 달라진 내용은 다음과 같았다. 첫째, 연금 수급 연령 상향 시기가 좀 더 앞당겨졌다. 〈2011년 연금법〉은 2018년에 여성의 연금 수급 연령을 65세로 올리고, 2020년에 양성 모두 66세로(원래는 2030년으로 예정), 그리고 2026~28년 사이에는 67세로 올리는 것으로(원래는 2050년으로 예정) 재조정했다.

둘째, 연금 수급 연령을 더 올리는 대신, 보수-자유민주 연립정부는 기초연금과 제2국가연금을 통합해 2016년부터 30년 이상 가입자에게 주 140파운드의 균등 연금을 지급하는 것으로 정리했다. 즉 국가연금에서 연금 수급 연령의 상향 조정과 노후 기초 소득보장 강화라는, 노동당 정부가 추진한 정책 방향이 계승, 발전되었던 셈이다.

셋째, 국민연금저축NPSS의 최종 이름은 직장인연금저축NEST으로 확정되었으며, 자동 가입 조치 도입 시기를 2012년으로 하되, 소기업에 대한 배려를 주장했던 경영계의 의견을 받아들여 종업원 3천 인 이하의 소기업들, 신규 창업 기업들은 이보다 1~2년 늦게 시작할 수 있게 했다. 또한 계절노동이나 임시 노동이 많은 사업장을 고려해 자동 가입 조치를 고용 후 석 달까지 유예할 수 있는 대기 기간three month 'grace period'을 설정했다. 즉 의무 가입 개인연금 쪽에서도 노동당 정부 안보다 소기업들에 대한 배려 조치가 더 부가되었으나, 노동당 정부 시기 개혁의 골격은 크게 변형되지 않은 채 유지되었던 것이다.

이상 2002년 연금위원회 설립으로부터 시작되어 10여 년에 걸쳐 완결된 연금 개혁의 의미는 다음과 같다. 첫째, 저소득층의 노후소득보장 장치가 강화되었다. 기초연금의 기여 요건 약화와 소득 연동으로의 변화는 모든 계층에 이익이 되지만, 특히 직업연금이나 개인저축을 가지지 못한 노동시장 약자들에게 큰 도움이 될 것이다. 고용주 의무 기여의 개인연금인 NEST 역시 기본적으로는 양질의 직업연금을 가지지 못한 저소득, 불안정 고용 노동자들의 노후를 안정화시키기 위한 조치라고 할 수 있다.

둘째, 비슷한 맥락에서 여성(및 돌봄 제공자)의 권리도 강화되었다. 기초연금의 기여 요건 약화와 소득 연동으로의 변화, 그리고 돌봄 크레디트의 관대한 인정은 돌봄 제공자 역할을 하느라 유급 노동을 하지 못한, 혹은 경력 단절을 경험한 여성들에게 도움이 될 것으로 전망되었다.

셋째, 노후소득보장 강화와 더불어 재정 안정화를 위한 조치 역시 병행되었다. 연금 연령 상향 조정, 그리고 기초연금 인상을 위해 필요한 경우 세금 인상이라는, 과거와 같으면 엄청난 대중적 반발을 샀을 조치들이 비교적 부드럽게 도입되었다.

넷째, 전체적인 개혁의 성격은 노후보장에 대한 국가 개입의 강화라고 할 수 있다. 국가연금인 기초연금 강화 및 관대화와 더불어 고용주가 기여하는 개인연금의 의무 조치화와 그 거버넌스에 대한 공적 개입의 확대는, 대처 정부 이래 계속되어 온 연금 체계의 시장화와 개인화의 추세와는 상반되는 것이었다. 신노동당 정부의 집권 초기, 연금 정책의 목표가 당시 6 대 4였던 공-사 연금의 구조를 4 대 6으로 바꾸는 것이었다는 점을 생각하면 이런 변화의 의미는 결코 작지 않다.

다섯째, 연금 개혁의 과정은 그간 영국의 연금 정치를 특징지어 온 일방성에서 벗어나 협의적·합의적 성격을 띠었다. 이해 당사자 간, 정당 간 합의가 개혁을 뒷받침했으며 이는 개혁의 지속 가능성을 증대시켰다.

5. 소결

2002년 연금위원회 출범으로 시작된 영국의 연금 개혁은 10년이 다 되어서야 마무리되었다. 신노동당 2차 개혁은 기존 보수당의 연금 정책과 틀을 답습했다기보다는 그것에 새로운 제도를 덧입힘으로써 의미 있는 수정을 가했다는 점에서 1차 개혁과는 성격이 다르다고 봐야 할 것이다. 즉 그것은 슈트렉·쎌렌이 얘기하는 일종의 '적층'layering적 제도 변화의 성격을 가지고 있다고 할 수 있다(Streek & Thelen 2005, 22-24). 적층이란 점진적인 제도 변화의 한 유형으로 기존 제도에 다른 제도가 덧붙여져 공존하게 되면서 결과적으로 제도의 내용과 범위, 효과가 변하게 되는 것을 가리킨다. 신노동당 2차 개혁이 가져온 변화는 완전히 경로 이탈적인 것은 아니지만, 과거로부터 물려받은 제도가 정치적 재교섭의 과정을 거쳐 변화된 정치적 맥락에 맞게 재구성되는(쎌렌 2011, 33) 모습을 보여 주었다고 할 수 있다.

한편, "베버리지 이래 가장 중요한, 근본적radical 개혁"(House of Commons Work and Pensions Committee 2006, 10)인 신노동당 2차 개혁은 영국 역사상 유례없는 합의 개혁이라는 점에서도 중요한 의미를 갖는다. 이 개혁은 모든 정당이 그 주요 골격을 지지하고 광범위한 전문가들과 여러 이해 당사자들의 지지를 얻었으며, 그래서 지난 25년간의 어느 연금 개혁보다도 지속 가능성이 높을 것으로 전망된다(Hills 2007, 2). 실제로 필자가 2013년 1~2월 현지 면담에서 만난 이해 당사자 조직의 구성원들도 대부분 비슷한 견해를 피력했다.

그렇다면, 오랜 세월 동안 일방적 정책 결정을 통해 곧 또 바뀔 연금 정책을 만들어 냈던 영국에서 이런 내구성 있는 합의적 연금 개혁이 성공할 수 있었던 원인은 무엇인가?

첫째는, 모든 피면담자가 지적했듯이, 가장 가시적인 것으로 연금위원회의 능력과 추진의 기술을 들 수 있다. 연금위원회는 인구 전망과 노후 대비 저축 상황 등 엄청난 양의 정확한 '사실들'을 수집하고 선명하게 가공해 모두에게 보여 줌으로써 누구도 개혁의 필요성과 방향을 부정하기 어렵게 만들었다. 또한 아데어 터너의 노련한 지도력하에 개혁의 논의 과정을 가능한 한 탈정치화시켰고 유연한 자세를 견지함으로써 합의 형성에 주력했다. 그리고 반대파의 저항을 제압하기 위해 매우 효과적인 미디어 전략을 구사했다.

둘째, 연금위원회의 활동이 표면적으로 눈에 띠는 중요한 요소였다면, 이런 독립적 연금위원회를 만들어 내고 거기에 힘을 실어 줄 수 있었던 좀 더 저변에 깔린 요인은 역시 노동당의 안정적 집권이라는 권력 자원적 요소였다. 앞서 언급한 바와 같이 1997년 권력을 장악한 신노동당은 과거의 공언대로 SERPS를 복구하고 기초연금을 인상하는 것이 아니라 공공 지출의 증대 억제, 연금의 시장화 및 개인화라는 기존 보수당 정부의 노선을 충실히 계승했다. 그럴 수밖에 없었던 가장 중요한 요인은 노동당의 권력 자원이 불안정했기 때문이다. 노동당은 중간층의 표를 구하기 위해 세금 인상 불가와 공공 지출 억제라는 목표를 공약하고 18년 만에 겨우 권력에 재진입할 수 있었고, 따라서 이 공약에서 벗어난 개혁은 엄두를 내기 어려웠다. 당의 정체성 훼손이라는 당내 구좌파의 반대에도 불구하고 신노동당의 주류는 우경화된 정책 노선을 고수했고 이는 연금 정책에서도 마찬가지였다.

그러나 2002년 노동당 정부는 저소득층의 노후보장을 개선하는 방향으로 국가연금을 개혁하고, 국가가 보험료를 일정 부분 부담하면서 직장에서 자동으로 개인연금에 가입되도록 하는 등 국가 개입을 강화하는 개혁을 추진했다. 이는 기본적으로 안정화된 권력과 높은 지지율 때문에 가능했다. 2002년 노동당은 차기 선거에서 권력을 잃을 위험이 크지 않았기에 연금 개혁을 시도할 수 있었다. 또한 여러 난관을 뚫고 개혁안이 완성되고 결국 실행된 것도 2010년까지 이어진 노동당의 집권을 빼놓고는 생각하기 어렵다. 안정적 집권에 기반해 노동당의 권력 자원이 연금 개혁을 구상하고 반대자들을 설득하고 합의를 주도할 수 있게 했던 것이다. 2010년 노동당은 권력을 잃었지만 이미 초당적 합의를 거친 연금 개혁안은 대부분 골격을 유지하고 실행에 옮겨졌다.

셋째, 노동당의 개혁 주도 세력이 민주적 협의 과정을 지렛대로 만들어 낸 권력관계를 들 수 있다. 노동당이 집권 2기에, 공고화된 권력 자원을 가지고도 과거와 같은 일방주의적 개혁에 나서지 않은 일차적 원인은 역설적으로 권력 내부의 이견, 즉 재무부의 반대에 있었다. 총리실은 좀 더 근본적인 개혁을 원했으나 신자유주의적 성향을 지닌 재무부는 이에 반대했다. 또한 블레어에 이어 차기 당수가 될 예정이었던 재무부 장관 고든 브라운은 정치적 논란을 부를 수 있는 대규모 연금 개혁을 원하지 않았다. 즉 현 총리와, 차기 총리가 될 가능성이 높은 재무부 장관은 다음 선거에서의 처벌 가능성을 다르게 인식했던 것이다. 또 하나 중요한 개혁의 걸림돌은 연금 수급 연령 인상에 대한 광범위한 대중적 반대, 그리고 노동비용 상승과 조세 증대를 이유로 한 기업의 반대였다.

이런 권력 내외부의 반대를 극복하는 과정에서 개혁의 주도자였던 총리실과 노동연금부는 연금위원회를 지렛대 삼아 영국 연금 개혁의 역사상 유례없는 민주적 협의 과정을 만들어 냈다. 그리고 이 과정에서 형성된 대중적 합의는, 소극적 세력들을 찬성 쪽으로 돌려세우고 반대파까지 설득해 개혁을 성사시킨 가장 중요한 동력이 되었다. 수차례에 걸쳐 이해 당사자들과 협의하고, '국민연금 논쟁'의 여러 이벤트를 통해 숙의적 협의 과정을 진행함으로써, 일반 시민들이 문제를 제대로 이해하고, 어떤 대안들이 있는지, 그 대안들의 편익과 비용은 무엇인지를 이해하는 중요한 계기가 마련되었다. 그리고 과거 같으면 도저히 상상할 수 없었던 연금 연령 상한까지도 광범위한 대중에게 수용되는 새로운 '선호 형성'의 과정으로 작용하게 된다. 이런 국민 협의의 과정은 이탈리아에서 1995년 연금 개혁 시 노조 내의 민주주의적 협의 과정을 연상하게 한다.[15] 블레어 정부가 당시 이탈리아 정부처럼 약한 정부는 아니었으나, 일방적 정책 결정이 여러모로 부담스럽거나 무의미하다고 느꼈던 총리실 중심의 개혁 주도 세력은 직접민주주의적인 정면 돌파를 택했다.

그리고 이는 총리실-노동연금부-연금위원회라는 개혁 주도 세력이, 각각의 이유에서 개혁의 특정 요소들에 소극적인 행위자들, 즉 일반

15_1995년 이탈리아 정부와 3대 노총인 이탈리아노동총동맹(CGIL), 이탈리아노동조합연맹(CSIL), 이탈리아노동연합(UIL)은 이탈리아 최대 규모의 노조 민주주의 실험이라 할 수 있는 시도를 통해 일반 조합원들의 강한 반발이 예상되던 연금 삭감 개혁과 관련한 사회 협약을 도출했다. 노총들은 정부와의 잠정 협약안을 회사 단위의 총회에 붙여 일반 노조원들로 하여금 완전한 토론 절차를 거친 후 비밀투표를 통해 협약안 수용 여부를 결정하도록 했다. 450만 노조원이 투표에 참여해 이 가운데 64%가 연금 개혁안에 찬성표를 던졌다. 이 과정은 임상훈·루치오 바카로에 의하면 단순한 의사 결정이 아니라 선호 형성(preference-shaping)의 과정이었다(임상훈·바카로 2005). 즉 이 과정은 노조원들로 하여금 연금 개혁이라는 복잡한 거래 조건을 내용으로 하는 교섭에서 수단과 결과의 복잡한 상관관계를 이해하고, 유의미한 대안을 스스로 선택하게 유도했던 것이다.

시민, 노조, 고용주를 견인하고, 가장 강한 반대자라 할 수 있는 소기업주와 재무부를 제압할 수 있는 권력관계를 만들어 냈다. 마크 A. 페터슨의 말을 빌면 개혁 주도 세력들은 소극적 행위자들을 끌어들여 현상 타파 동맹stake-challenger coalition을 만들었다고 할 수 있다(Peterson 1993). 바로 이 권력관계가 최종적으로 개혁을 성사시킨 직접적 힘이라고 할 수 있을 것이다.

제7장

맺음말

1. 요약

이 책에서는 1980년대에서 2000년대에 이르는 영국의 연금 개혁의 정치를 살펴보았다. 영국은 1980년대 이래 끊임없이 연금 개혁을 계속해왔기 때문에 연금 정책의 실험실이자 전시장 같은 나라라고 할 수 있다. 영국은 다른 나라에서는 진통만 겪은 채 무산되는 연금 개혁, 그 거대한 코끼리를 옮기는 데 어떻게 성공할 수 있었는가. 왜, 그리고 어떻게 1980년대 보수당 정부들은 그토록 빨리 급진적인 연금 개혁을 실시할수 있었는가. 또한 무려 18년 만에 정권을 탈환한 노동당은 왜 보수당정부의 신자유주의적 연금 개혁 기조를 그대로 답습했는가. 그리고 그런 노동당은 왜 2000년대에는 연금제도 전반에 국가 개입을 강화하는개혁을 시도했는가. 이 연구에서는 이런 물음에 답해 보고자 했다.

이 책에서 특히 초점을 두었던 것은 연금 개혁의 '정치'였다. 연금 개혁은 근본적으로 정치적 과정, 분배 균형의 변화에 대한 여러 행위자들의 이해관계를 조정해 하나의 결정에 도달하는 과정이기 때문이다. 이제 연구 결과를 간단히 요약하고, 그 시사점을 정리해 보겠다.

1986년 대처 정부의 연금 개혁은 현재까지 지속되고 있는 영국 연금 개혁의 역사에서 가장 중요한 분수령이 되는 개혁이다. 대처 정부는 강력한 정치적 의지를 가지고 공적연금의 잔여화와 노후소득보장의 시장화를 추진하고자 했다. 1986년 개혁은 바로 그 물꼬를 튼 개혁이었으며, 장기적으로는 엄청난 공적연금이 삭감되는 결과를 가져왔다. 이어진 후속 개혁과 그 누적적 효과들은 마침내 대처 정부의 최초 목표를 달성하게 했다. 공-사 연금 간의 균형이 뒤바뀐 것이다. 1986년 개혁은 또한 연금 정치 자체를 재구조화한 개혁이라는 점에서도 중요한 의미를 갖는다. 1986년 개혁은 공적연금에 이해관계를 갖는 세력을 약화시킨 반면, 민간연금에 이해관계를 갖는 세력들을 창출하고 강화했다. 그리고 이런 이해관계의 변화는 향후 연금 정치에 심대한 영향을 미쳤다.

이렇게 급진적인 개혁이 가능했던 이유로 신제도주의자들은 영국의 연금제도나 정치제도의 특징을 든다. 그러나 대처 정부 시기의 연금 개혁은 핵심 이해관계 세력과 이들을 대표하는 정치 세력들 간의 권력 자원과 권력관계를 면밀히 들여다볼 때만 제대로 이해될 수 있다. 보수당 정부의 급진적 연금 개혁이 가능했던 가장 중요한 이유는 노동당의 취약한 권력 자원이다. 1970년대 경제 위기의 와중에서 집권했던 노동당 정부는 이 위기를 제대로 수습하지 못하고 우왕좌왕하면서 전통적 지지자들과 중간층 모두로부터 지지를 잃었다. 상층 노동자 및 중간계급이 이반함에 따라 노동당은 1979년 선거에서 패배했다. 이후 1980년대 내내 노동당은 모든 계층에서 득표율이 하락했고 대안적 수권 세력으로서의 위치를 의심받게 되었다. 게다가 1979년 선거 패배 이후 당의 진로를 둘러싸고 당내 좌우파는 사사건건 대립을 거듭했고 결국 우파 일부가 탈당하는 사태까지 발생했다.

노동당의 권력 자원 축소와 노조를 비롯한 사회적 반대 세력의 탈진이 보수당 정부가 급진적 연금 개혁을 실시할 수 있게 된 가장 중요한 변수였음은 의문의 여지가 없다. 노동당은 일관된 입장을 가지고 보수당의 공세를 막아낼 수 없었고, 잠재적 집권 세력으로서의 위협력으로 보수당의 행동을 통제할 수도 없었던 것이다.

한편, 이런 상황 속에서도 1986년 연금 개혁이 대처 정부가 애초에 구상했던 것보다는 약한 형태를 취하게 된 것은 당시 형성된 권력관계로부터 설명할 수 있다. 대처 정부의 극도의 대결주의적, 시장 근본주의적 입장과 노동당의 무기력함은 자유당(그리고 선거에서의 자유-사회민주 연합)을 이전에 비해 유의미한 제3당의 지위로 부상시켰다. 그리고 이는 연금 개혁에서 보수당의 일방주의적 정책 결정을 완화시키는 역할을 했다. 선거에서 자유당이나 사회민주당 후보에게 패배할 위험이 컸던 잉글랜드 남동부의 보수당 후보들은 연금 산업이나 기업 고용주들이 반대했던 녹서의 급진적 연금 개혁안, 즉 SERPS를 완전히 폐지하고 개인연금으로 외부 대체를 확대하는 개혁안에 반대했던 것이다. 대처 정부가 1986년 최초 안에서 일정 정도 후퇴한 연금 개혁안을 통과시킨 것은 이런 당파 정치에 영향받은 바 적지 않았다. 반면, 1995년의 후속 개혁은 자유당이나 사회민주당의 위협력이 훨씬 약화된 상태에서 원안에 충실하게 이루어졌다. 결국 1980년대와 1990년대 초반 보수당 정부의 구체적인 연금 개혁의 수위와 내용을 결정한 것은 의회에서의 우위라는 권력 자원과 야당들과의 국면적 권력관계의 양상이었다고 봐야 할 것이다.

1986년 공-사 연금 간의 균형을 뒤바꿀 대처 정부의 획기적 연금 개혁이 이루어졌을 때 노동당은 자신이 집권하면 보수당의 개혁을 되돌려 과거의 연금제도로 돌아가겠다고 선언했다. 그러나 1997년 드디어 권력을 장악한 신노동당은 그렇게 하지 않았다. 노동당의 개혁은 보수당의 연금 정책 기조를 유지하면서 문제점들을 손질하는 선에 그쳤다. 민간연금의 비중이 높아진 기존의 연금 체계를 받아들이되 그 폐해를 시정하는 것, 즉 저소득층의 노후소득보장을 강화하고 유연한 노동시장에 맞는 새로운 연금제도를 도입하는 것이 그 골자였다. 요컨대 1990년대 말 노동당 정부의 연금 개혁은 '제3의 길' 논리에 충실하게, 1980년대 이후 영국의 연금 개혁을 지배해 온 민영화·자유화·개인화의 논리를 계승하되, 국가 규제와 저소득층에 대한 재분배를 약간 강화하는 데 그친 것이다.

이런 신노동당의 1차 개혁은 당시 노동당이 가지고 있던 권력 자원의 성격을 잘 보여 준다고 할 수 있다. 1997년의 선거 대승은, 이론적으로는, 노동당으로 하여금 연금 개혁에서도 원하는 것을 마음대로 할 수 있게 만들었을 것으로 보인다. 노동당은 의회에서 압도적 다수를 점하고 있었기 때문에 법적·제도적으로는 얼마든지 일방주의적 개혁이 가능했다.

그러나 노동당이 이처럼 선거에서 압도적 다수로 승리하기 위해 행했던 자기 변신, 신노동당으로 재탄생하는 과정은 노동당이 가진 권력 자원의 성격 자체를 재편하는 과정이었고 이는 향후 만들어질 정책의 성격도 변화시키는 과정이었다. 즉 노동당은 선거에서 승리하기 위해서는 중간층과 경영계의 지지를 얻어야 한다고 보았고, 이는 전통적 사회민주주의 노선과 정책을 상당 정도 수정하게 했다. 그 결과 노동당은 선거에서 과거 보수당에 표를 던졌던 상층 노동자들과 중간층의 지지를 확대할 수 있었다. 반면, 노조와의 특수 관계는 과거에 비해 현저히 약화되었다.

이런 노동당의 권력 자원의 변화, 그리고 '증세 불가'를 출발점으로 하는 우경화된 복지 정책의 전반적 틀이야말로 신노동당의 1차 연금 개혁의 성격을 규정한 권력 자원적 요소였다고 봐야 할 것이다. 즉 노동당은 의회에서 압도적 다수를 점하고 있었지만 그것으로 할 수 있는 정책들의 범위는 협소해져 있었다. 결국 권력 자원을 얻기 위한 과정 자체가 그 권력으로 할 수 있는 것들을 줄였고, 향후 이 권력을 유지하기 위해서는 이 운신의 폭 내에서 움직여야 했다.

반면, 신노동당 2차 개혁은 권력 재창출을 통해 좀 더 여유가 있어진 신노동당의 입지를 반영한다고 봐야 할 것이다. 노동당 정부에 의해 2002년 시작되어 2011년에 마무리된 일련의 연금 개혁은 1980년대 이후 연금 개혁의 일관된 기조였던 민영화·자유화·개인화에서 벗어나 제한적이나마 연금 전반에 대한 국가 개입의 강화와 노동시장 약자에 대한 배려로 방향을 틀었다는 점에서 눈길을 끌었다. 또한 이 개혁은 초당적 합의에 입각해, 노동당 정부에 의해 시작되었으나 보수-자유 연립정부에 의해 마무리되었다는 점에서도 관심을 모았다.

이런 새로운 기조의 연금 개혁이 가능했던 기본적 요인은 역시 노동당의 안정적 집권이라는 권력 자원적 요소였다. 2002년 노동당은 차기 선거에서 권력을 잃을 위험이 크지 않았기 때문에 연금 개혁을 시도할 수 있었다. 또한 여러 난관을 뚫고 개혁안이 완성되고 결국 실행된 것도

2010년까지 이어진 노동당의 집권을 빼놓고는 생각하기 어렵다. 안정화된 권력에 기반해 노동당은 연금 개혁을 구상하고, 반대자들을 설득하고, 합의를 주도할 수 있었던 것이다.

신노동당 2차 개혁을 성공시켰던 또 하나의 요인은 개혁 주도 세력이 대중적 협의 과정을 지렛대로 만들어 낸 권력관계였다. 노동당이 집권 2기에, 공고화된 권력 자원을 가지고도 과거와 같은 일방주의적 개혁에 나서지 않은 일차적 원인은 역설적으로 권력 내부의 이견, 즉 재무부의 반대에 있었다. 여기에 연금 수급 연령 인상에 대한 광범위한 대중적 반대, 그리고 노동비용 상승과 조세 증대를 이유로 한 기업의 반대도 부담스런 요소였다. 이런 권력 내외부의 반대를 극복하는 과정에서 개혁의 주도자였던 총리실과 노동연금부는 연금위원회를 지렛대로 삼아 야당과의 초당적 합의를 만들어 냈다. 또한 영국 연금 개혁의 역사상 유례없는 숙의적인 국민 협의 과정을 만들어 냈다. 그리고 이 과정에서 형성된 대중적 합의는, 소극적 세력들을 찬성 쪽으로 돌려세우고 반대파까지 설득해 개혁을 성사시킨 가장 중요한 동력이 되었다.

그리고 이는 총리실-노동연금부-연금위원회라는 개혁 주도 세력이, 제 각각의 이유에서 개혁의 특정 요소들에 소극적인 행위자들, 즉 고용주, 노조, 시민운동단체들을 견인하고, 가장 강한 반대자라 할 수 있는 소기업주와 재무부를 제압할 수 있는 권력관계를 만들어 냈다. 바로 이 권력관계가 1980년대 이래 자유화·개인화·민영화의 방향으로만 흘러온 연금 개혁의 흐름을 중단시키고 신노동당의 2차 개혁을 성사시킨 직접적 힘이라고 할 수 있을 것이다. 2010년 노동당은 권력을 잃었지만 이미 초당적 합의를 거친 연금 개혁안은 대부분 골격을 유지하고 실행에 옮겨질 수 있었다.

2. 함의와 시사점들

이론적 함의들

영국의 연금 개혁을 다룬 기존 연구들은 실용적·정책적 연구를 제외하면 신제도주의적 관점의 연구들이 주를 이룬다. 이 연구에서는 이런 제도주의적 설명을 넘어서서, 영국의 연금 개혁을 주요 행위자들의 권력자원과 그들 간의 권력관계에 초점을 두어 설명하고자 했다.

물론 많은 기존 연구가 주장했듯이 제도의 영향력은 중요했다. 영국에서 연금제도의 분절화와 공적연금의 미성숙은 이해관계자 세력의 파편화를 가져와, 잠재적인 연금 수급자들의 이익이 대표되는 방식 역시 분열되고 취약하게 만들었다. 이는 1986년 대처 정부가 급진적인 연금 개혁을 큰 저항 없이 추진할 수 있었던 맥락이 되었다. 또한 신노동당의 1차 개혁이 대처 정부가 만들어 놓은 연금제도를 인정한 상태에서 부작용을 수습하는 데 그친 것도 이미 만들어진 연금제도들이 어느 정도 뿌리를 내렸기 때문이기도 했다. 연금 산업과 개인 가입자 등 복잡한 이해관계자들이 생겨나 대처 시절 만들어진 연금제도들을 크게 손대는 일이 쉽지 않았던 것이다.

정치제도의 영향력 역시 부인하기 어렵다. 거부점이 적어 일방주의적 정책 결정이 쉬운 영국의 다수제 정치제도는 집권 정부가 원할 경우, 복잡한 정치적·사회적 합의 과정 없이도 연금 개혁을 강행할 수 있는 조건을 제공했다. 별 논란도 없이 이루어진 1990년대 초반 보수당 정부의 후속 개혁과 신노동당 정부의 1차 개혁은 특히 이런 설명에 잘 들어맞는다. 큰 파란을 겪고 일부 수정되었으나 결국 성사된 1986년 개혁도 기본적으로는 이런 일방주의적 정치제도에 힘입었다고 봐야 할 것이다.

그러나 영국의 연금제도는 1960~70년대에도 파편화되어 있었지만 이 시기 연금 개혁 시도들은 실패를 거듭했다. 두 주요 정당은 1960~70년대 동안 번갈아 집권하면서, 앞 정부에서 만들어진 연금제도를 폐기함으로써 개혁을 무산시켰다. 즉 신제도주의자들의 주장과 달리 이 시기에는 영국의 연금제도는 집권 정부가 자신이 원하는 개혁을 추진하는 데 별 도움이 되지 못했던 것이다.

마찬가지로, 정부의 일방주의적 정책 결정을 용이하게 하는 영국의 정치제도는 1960~70년대에도 여전히 건재했다. 그러나 집권 정부는 스스로 원했던 연금 개혁을 실행에 옮길 수 없었다. 또한 1980년대 이후 개혁에서도, 유사한 제도적 제약에도 불구하고 두 차례 보수당의 개혁은 성공의 정도가 달랐다. 신노동당의 개혁도 첫 번째가 과거의 경로를 충실히 답습하는 것이었다면, 두 번째는 기존 경로에서 비껴 뻗는 일종의 '적층적' 개혁이 되었다. 게다가 두 번째 개혁은 일방주의적 정책 결정이 아니라 광범위한 정치적·사회적 합의에 기초해 이루어졌다.

이런 사실들은 결국 1980년대 이후 중요한 연금 개혁들을 제도적 요인만으로 제대로 설명할 수는 없다는 것을 의미한다. 이 책에서는 개혁의 구체적 경과와 결과를 결정한 것은 연금 개혁에 연루되는 주요 행위자의 권력 자원, 그리고 좀 더 구체적으로는 개혁 국면에서의 권력관계였음을 보여 주고자 했다.

영국의 연금 개혁을 설명하는 데 있어 권력 자원론은 신제도주의가 해결하지 못하는 부분을 설명해 준다. 대처 정부의 18년 집권은 그 자체로 보수 세력의 권력 자원이 우위에 있었음을 의미한다. 단순한 권력 자원론의 입장에서 보면 한편으로는 탈진에 가까운 노조의 약화, 노동당의 18년 실권이라는 변수가 민영화를 핵심으로 하는 보수당의 연금 개혁을 설명할 수 있게 해준다. 또한 신노동당 집권 후 보수당의 연금 민영화 정책의 계승도, 얼핏 보면 권력 자원론에 배치되는 것처럼 보이지만, 노조의 약화와 좌파의 몰락으로 좌파 정당이 중도화된 것의 결과물이라는 점에서 기본적으로는 권력 자원론으로 설명이 된다.

그러나 1986년 연금 개혁의 절반의 성공과 1992년 후속 개혁의 수월함, 그리고 신노동당 2차 개혁을 설명하기 위해서는 고전적 권력 자원론만으로는 부족하다. 노동당과 보수당 각각의 내부 권력투쟁, 제3당의 부침, 양대 정당이 노조나 연금 회사 등 시민사회 세력과 맺었던 관계, 그리고 연금 개혁 추진 세력의 전략이 만들어 낸 권력관계와 세력균형을 고려할 때만 우리는 각각의 개혁의 최종적 결과물을 제대로 이해할 수 있다. 이런 의미에서 권력관계는 권력 자원과 불가분의 관계를 갖지만, 정태적인 개념인 권력 자원보다, 동태적인 개념인 권력관계가 연금 개혁을 설명하는 데 좀 더 유용하다.

특히 영국 역사상 유례없는 합의적 개혁으로 귀결된 신노동당 2차 연금 개혁은 힉스·미스라, 리코 등이 확장한 권력 자원 개념과 그에 기반한 권력관계론의 시각에 설 때 비로소 제대로 이해될 수 있다. 신노동당 2차 개혁 역시 성공의 일차적 원인은 노동당의 안정적 집권이라는 권력 자원적 요소였다. 그러나 토니 블레어는 의회에서의 우위에 기대어 일방주의적 연금 개혁을 추진하기보다는 연금위원회를 설립했고, 이 연금위원회는 아무도 예상하지 못했던 추진력을 발휘해 합의적 연금 개혁을 추진할 권력관계를 만들어 냈다.

부연하면, 연금위원회는 리코가 권력 자원의 제4요소라고 명명했던 지식 기반 권력 자원을 만들어 냈다. 제2장에서 언급했듯이, 리코가 말하는 지식 기반 권력 자원이란 정책 모델과 전략을 만들어 내는 전문가들, 정치 시장에서 이슈의 적절한 프레이밍을 통해 특정 정책 모델에 대한 대중의 지지를 동원하고 합의를 만들어 내는 정책 혁신가들의 역할 등을 의미하는데, 연금위원회 역할은 이 규정에 정확히 부합한다. 연금위원회는 엄청난 양의 정확한 '사실들'을 수집하고 선명하게 가공해 모두에게 보여 줌으로써 누구도 개혁의 필요성과 방향을 부정하기 어렵게 만들었다. 또한 터너의 노련한 지도력하에 개혁의 논의 과정을 가능한 한 탈정치화시킴으로써 합의를 형성하는 데 주력했다. 그리고 반대파의 저항을 제압하기 위해 매우 효과적인 미디어 전략을 구사했다.

그리고 그 결과는 연금 개혁에 대한 대중의 이해 증진, 사회적 합의 분위기의 조성, 그리고 초당적 합의의 유도였다. 이는 또한 리코가 권력 자원의 일종인 집단행동 자원의 한 요소라고 제시했던 '다른 정치적·사회적 행위자들로부터 받는 외부로부터의 지지, 혹은 제휴 형성 능력, 그리고 대중으로부터의 지지' 역시 극대화할 수 있게 했다.

그리고 이런 확장된 권력 자원을 동원해 총리실-노동연금부-연금위원회를 중심으로 한 개혁 추진 세력은 개혁을 성사시킬 권력관계를 만들어 냈다. 즉 각각의 이유에서 개혁에 소극적인 사회적 행위자들을 견인하고, 가장 강한 반대자라 할 수 있는 소기업주와 재무부를 제압할 수 있는 힘의 균형을 만들어 낸 것이다. 개혁 주도 세력들은 '현상 유지 동맹'stakeholder coalition을 깨뜨리고 '현상 타파 동맹'stake-challenger coalition을 만들어 낸 셈이다. 바로 이 권력관계가 민영화·자유화·개인화로 일관해 오던 연금 개혁의 방향을 국가 개입 확대로 방향을 틀 수 있게 한, 그리고 정권이 바뀐 뒤에도 거의 훼손되지 않는 영국 역사상 초유의 합의적 연금 개혁을 만들어 낸 힘이었다고 할 수 있을 것이다

마지막으로 당파 정치가 더는 중요하지 않다는 피어슨과 보놀리의 설명은 영국의 경우에는 잘 맞지 않는다는 점도 지적할 필요가 있다. 공언된 목표와 달리 대처 정부의 연금 개혁은 공공 지출을 크게 줄이지 않았다. 민영화에 따른 리베이트 비용으로 연금 관련 지출은 단기적으로는 오히려 늘었다. 장기적으로 볼 때도 연금 지출은 줄었을지 모르나 결국 노인 빈곤층을 공공부조성 급여를 통해 구제할 수밖에 없다는 점을 고려하면 공공 지출의 부담 자체가 줄어들었다고 하기도 어렵다. 결국 대처의 연금 개혁의 목표는 공공 지출의 감소이기보다는 신자유주의적 이념의 전파, 국가의 후퇴와 시장 논리의 회복이었고, 이는 지극히 당파적인 것이었던 셈이다.

신노동당의 연금 개혁 역시 마찬가지다. 신노동당의 1차 연금 개혁은 '제3의 길'이라고 하는 중도화된 사회민주주의 이념에 아주 잘 부합하는 당파적인 것이었다. 과정상 모양새에 있어서는 초당적 합의를 거쳤고, 그래서 탈정치화되었던 신노동당 2차 개혁도 그 내용은 더욱 안정적 권력 기반을 획득했으나 이미 중도화된 노동당의 당파적 색깔을 그대로 보여 준다고 하겠다.

정책적 시사점들

그렇다면 영국 연금 개혁의 역사에서 우리가 얻을 수 있는 실천적·정책적 시사점은 무엇인가?

첫째, 영국 연금 개혁의 역사는 민간연금을 주축으로 하는 연금 체계를 통해 노년의 소득보장 문제를 해결하는 것이 매우 어렵다는 사실을 보여 준다. 영국은 1994년 세계은행이 권고했고 세계의 보수정당들이 대안으로 주장해 온 다주제 연금제도를 일찍이 선제적으로 도입한 사례다. 즉 소위 선진국 중에서는 유일하게, 국가는 1층의 기초연금만을 책임지고 나머지는 직업연금이나 개인연금 등을 통해 해결하는 것이 바람직하다는 세계은행의 초기 권고를 충실히 실행에 옮긴 나라인 셈이다. 그러나 지난 30여 년간의 영국의 경험은 이런 제도로는 노년 빈곤과 노년 불평등을 해결하기가 매우 어렵다는 것을 보여 주었다.

대처 정부는 강력한 정치적 의지를 가지고 공적연금의 잔여화와 노후소득보장의 민영화를 추진하고자 했다. 그리고 '국가에 의한 집요한 시장의 강화' 과정이었던 1986년 개혁과 후속 개혁들을 통해 마침내 공-사 연금의 균형 역전이라는 최초의 핵심 목표를 달성했다. 그러나 이런 보수당 정부의 개혁은 노년 빈곤과 노후 불평등을 심각한 수준까지 끌어올렸다. 즉 대처 정부가 애초에 의도했던 대로 노후 준비에 대한 개인 책임을 강화하고, 국가주의의 틀에서 벗어나 자유로운 선택에 의해 노후를 설계하면서도, 노후소득보장도 적절히 이루어지는 멋진 신세계는 도래하지 않았던 것이다.

보수당의 희망이 얼마나 이루어지기 어려운 것인지는 보수당의 연금 민영화 정책의 기조를 계승했던 신노동당 정부에 의해 더욱 극명히 증명되었다. 노동당은 중간층 이상은 여전히 민간연금에 의존하되 규제 정비를 통해 여러 부작용을 없애고, 가난한 사람들만을 표적화해 공적연금의 틀로 포섭하되 급여 수준은 과거보다 관대하게 하고자 했다. 즉 노동당은 과거 보수당 정부가 설정했던 연금 민영화의 기본 방향을 유지하면서, 가난한 사람들에게도 최소한의 노후보장이 될 만한 적절한 연금을 제공하고자 했던 것이다.

그러나 노동당 정부는 곧 이 두 가지 목표를 동시에 달성하기가 매우 어렵다는 사실을 깨닫게 된다. 연금 민영화의 정책 기조가 유지되기 위해서는 민간연금 회사들에게 적절한 수요와 이익이 주어져야 했고 규제는 되도록 적어야 했다. 그런데 노년 빈곤을 해결하기 위해 저소득 층에게 관대한 공적연금을 지급할 경우, 민간연금은 국가연금의 경쟁 상대가 될 수 없었다. 또한 규제를 완화할 경우 여러 가지 부작용이 불거졌다. 노동당은 결국 공적연금을 관대하게 지급하지 않으면서 빈곤 문제는 해결하며, 적절한 규제를 행하면서도 연금 산업은 활성화되어야 한다는 과제가 결코 해결할 수 없는 딜레마임을 깨닫게 된다. 20여 년에 걸친 온갖 민영화 노력에도 불구하고, 그리고 국가연금이 부실함에도 불구하고, 민간 부문에서 피용자로 일하면서 순전히 국가연금에만 의존하는 사람들이 오히려 늘고 있다는 사실도 민간연금을 주축으로 노후보장을 설계하는 것이 얼마나 어려운 일인지 깨닫게 했다.

결국 노동당은 2007년 그간의 정책 기조에서 벗어나 노후보장에서 국가 역할을 강화하는 쪽으로 선회한다. 기초연금의 강화와 국가 및 고용주가 기여하는 개인연금의 의무화가 그것이었다. 그러나 이 역시 영국이 안고 있는 노후보장의 취약성 문제를 근본적으로 해결한 것은 아니다. 영국처럼 노후보장의 근간이 되는 2층 소득비례연금을 민간연금으로 해 연금 체계를 구축하는 경우 장수 위험longevity risk에 대한 보험 기능이 크게 떨어지게 된다. 장수 위험에 대한 보험 기능은 단명자의 연금 자산을 장수자에게로 이전하는 강제적 이전 장치가 작동해야 가능한 일인데, 민간연금 체계에서는 이를 기대하기 어렵기 때문이다. 이를 고려해 세계은행조차도 최근에는 국제노동기구ILO처럼, 2층에 명목 확정기여 방식의 든든한 공적연금을 설계하는 것을 추가적 대안으로 제시하는 등 입장 변화를 보여 주고 있다(양재진 2012; Holzmann & Palmer

2006). 그러나 대처 이후 블레어 정부 초기까지 민영화 기조를 이어 온 영국에서 이런 근본적 경로 전환은 쉽지 않아 보인다. 그리고 이런 의미에서 신노동당 2차 개혁 이후에도 여전히 영국에서는 노후보장 장치가 안정화되었다고 보기 어렵다.

이런 영국의 경험은 연금 민영화를 통해 시민들의 노후보장을 해결하는 것이 얼마나 어려운 목표인지 잘 보여 준다. 특히 금융시장의 유동성이 증대하고, 노동이 유연화됨에 따라 노후를 개인의 힘으로 설계하기 어려운 사람들이 늘어 가는 상황에서 이는 점점 더 어려운 목표가 되어 가고 있다.

둘째, 영국의 경험은 비용이라는 측면에서 볼 때도 연금 민영화가 더 우월한 대안인지에 대한 회의를 불러일으킨다. 영국의 경우 연금 민영화는 단기적으로는 국가의 재정 부담을 줄이지 못했다. 민영화를 유도하기 위해 막대한 조세 환급을 실시했기 때문이다. 장기적으로 볼 때는 연금 개혁 이전에 비해 연금으로 인한 재정지출이 크게 줄어들 것으로 보고되었다. 그러나 현실적으로 노동시장 약자들은 민간연금을 통해 자신의 노후를 준비하기 어려웠고, 기초연금이 빈약한 상태에서 결국 노후를 공공부조나 공공부조성 연금에 의존하게 되었다. 즉 연금이라는 항목을 통한 지출은 줄었으나, 이는 공공부조 지출로 이전되어 버렸을 뿐, 노후보장을 위한 재정지출 자체는 줄지 않은 셈이다.

게다가 민간연금의 경우 기여자의 납입금 가운데 상당 부분을 행정비용과 홍보 및 영업 비용으로 지출하게 된다. 또한 민간연금이 가입자들에게 피해를 입히지 않기 위해서는 적절한 규제가 필요한데 이 역시 상당한 비용을 요한다. 공공부조성 급여의 증대 역시 자격 있는 빈자를 가려내기 위한 여러 가지 행정적 비용을 유발한다. 요컨대 연금 민영화가 가져오는 유형·무형의 사회적 비용은 결코 적지가 않은 것이다.

셋째, 영국의 경험은 일단 민영화를 통해 공적연금과 민간연금에 대한 새로운 이해관계가 생겨나면, 공적연금 체계를 과거와 같은 형태로 되돌리기가 매우 어렵다는 것을 보여 준다. 1986년 보수당 정부의 연금 개혁은 연금 정치 자체를 재구조화한 개혁이었다. 이 개혁은 공적연금에 이해관계를 갖는 세력을 약화시킨 반면, 민간연금에 이해관계를 갖는 세력들을 창출하고 강화했다. 그리고 이런 이해관계의 변화는 향후 연금 정치에 심대한 영향을 미쳤다. 새로운 연금 체계에 대한 지지자 집단이 생성되자 노동당이 권력에 복귀해도 제도를 되돌리기 어렵게 되었던 것이다. 결국 노동당은 민간연금 우위의 연금 체계를 근본적으로 뒤바꿀 엄두를 내지 못한 채 부작용을 최소화하는 쪽으로 정책 방향을 잡았다. 국가 개입을 강화한 신노동당 2차 개혁조차도 민간연금을 근간으로 한 연금 체계 자체는 손대지 않은 것이었다.

마지막으로 영국의 연금 개혁은 합의적 개혁의 필요성과 중요성을 보여 준다. 양당제와 다수제 정치제도를 가지고 있는 영국은 연금 개혁에서 일방주의와 적대 정치의 유구한 전통을 이어 왔다. 1950~60년대 버츠컬리즘의 시대에도 연금은 일방주의적 결정 사안이었고 정권이 바뀌면 정책이 뒤집어졌다.

그러나 신노동당 2차 개혁의 경우에는 유례없는 합의적 개혁이 이루어졌다. 연금위원회는 연금과 관련된 객관적 '사실들'을 면밀히 수집한 후 대중적으로 잘 전달될 수 있는 형태로 가공했다. 복잡한 숫자들과 전문용어로 이루어져 보통 사람들에게는 코끼리 같은 회색빛 존재로 여겨지던 연금을 둘러싼 사실들을 선명히 보여 줌으로써 현실을 직시하게 하고, 개혁의 필요성과 방향에 대한 광범위한 공감대를 만들기 위해서였다. 이에 기초해 개혁 세력은 권력 내부의 반대 세력을 설득하고 이해 당사자 및 야당과의 초당적 합의를 이루는 한편, 여러 창의적 이벤트를 통해 숙의적 국민 협의를 진행했다. 그리고 이는 정권이 바뀌어도 변하지 않는 단단한 합의를 만들어 냈다.

이런 영국의 경험은 다수제 정치제도하에서도 일방주의가 능사가 아니며, 합의주의적 개혁이 결과적으로는 훨씬 더 효과성이 높음을 보여준다. 특히 민주적 협의 과정은 소극적 세력들을 찬성 쪽으로 돌려세우고 반대파까지 설득해 개혁을 성사시킨 가장 중요한 동력이 되었다. 아직은 실행 초기여서 결과를 말하기는 이르지만, 이런 협의에 의한 합의는 제도의 실행에 있어서도 순응성을 확보하기 쉽게 할 것으로 예상된다.

그렇다면 이런 영국의 연금 개혁이 한국에 주는 함의는 무엇일까? 영국과 한국의 연금제도와 연금의 성숙도는 매우 다르지만, 일반적인 시사점은 한국에도 대체로 적용될 수 있다.

한국은 2008년 기초연금을 도입하는 대신 급여를 삭감하는 국민연금 개혁안을 통과시킨 바 있다. 그러나 이 개혁은 재정적 지속 가능성 문제도, 국민 대다수의 노후소득보장 문제도 근본적으로는 해결하지 못한 상태이기 때문에, 또 다른 개혁 논의는 불가피한 것이었다. 현재로서는 기초연금을 둘러싼 논란만 진행되고 있지만 국민연금 개혁 논의도 인구 고령화에 대한 우려 속에서 언제든지 재점화될 수 있는 사안이다.

2008년 개혁 당시 한나라당-민주노동당의 기이한 공조(김영순 2011)는 기초연금은 도입하고 국민연금의 삭감은 최초의 정부안보다 적게 하는 결과를 가져왔다. 그러나 이 과정에서 기초연금 도입을 주장했던 한나라당이 장기적으로 의도하고 있는 것은 세계은행이 초기에 권고했던 다주제 모델이라는 설이 나돌았다. 실제로 이 모델은 김영삼 정부 시절 신한국당이 이미 대안으로 제시한 바 있기도 했다. 여전히 우리 사회의 일각에는 이런 흐름의 연장선상에서 민간연금을 주축으로 하는 다주체 모델을 대안으로 생각하는 세력들이 단단히 입지를 구축하고 있다.

그러나 영국의 30여 년에 가까운 실험은 민간연금을 주축으로 한 노후소득보장이 얼마나 이루기 힘든 것인지를 여실히 보여 준다. 20여 년에 가까운, '집요한 국가에 의한 시장의 강화'에도 불구하고 영국은 민간연금 주축의 안정적 노후보장 체계를 구축하는 데 실패했다. 그리고 결국 공적연금 강화와 국가 개입 강화로 방향을 선회했다. 영국의 경험은 우리에게 의미심장한 타산지석이라고 할 수 있다.

영국의 경험에 비춰 볼 때 우리의 2008년 개혁은 기초연금의 도입을 통한 연금제도의 다층화가 국민연금의 약화를 동반하면서 이루어졌다는 점에서 우려를 던진다. 2008년 개혁으로 국민연금의 소득 대체율은 2028년에는 40%로 떨어지게 되었다(40년 가입 평균 소득자 기준). 실제로 대부분의 가입자들이 40년을 채우지 못한다는 점을 고려할 때 평균 소득자의 실제 소득 대체율은 약 20%에 불과하게 될 것으로 예측되고 있다(김수완·권문일 2009).

이렇게 된다면 국민연금은 소득보장의 중추가 되기에 미흡한 제도가 될 것이다. 그런데 설상가상으로 평균 소득보다 높은 소득을 올리는 상위 중산층의 경우 보험료 부과 소득 상한제와 국민연금의 재분배 기능으로 인해 소득 대체율은 더욱 떨어질 것으로 예상된다. 이런 상황은 평균 소득자 이상의 중산층으로 하여금 퇴직연금을 통해 노후 소득을 보완하려는 욕구를 증대시킬 가능성이 크다. 그리고 이는 영국식의 외부 대체 요구, 즉 퇴직연금에 가입하는 조건으로 국민연금에서 탈퇴하겠다는 요구로 나아갈 가능성을 증대시킨다. 실제로 한 조사 결과는 노조 간부들이 국민연금보다 퇴직연금을 중시한다는 것을 보여 주고 있으며, 이미 퇴직 연금 사업자들은 외부 대체의 필요성을 거론하기 시작했다(양재진 2012).

그러나 일찌감치 2층 소득 비례 공적연금을 의무적인 기업연금으로 대체할 수 있게 했던 영국의 오늘날 상황은 이런 연금제도가 결코 바람직한 대안일 수 없음을 잘 보여 준다. 영국의 경험은 또한 경로가 이렇게 설정되고 나면, 그 경로로부터 이탈하기가 얼마나 어려운지도 잘 보여 준다. 이런 전철을 밟지 않기 위해서는 장기적 안목에서 적절한 노후 소득보장을 위해 우리에게 필요한 다층제 연금제도가 어떤 것인지 고민해야 할 것이다. 무엇보다도 국민연금을 명실상부한 노후 소득보장의 중추로 만들고, 다른 목표들을 상황과 형편에 맞게 조절하는 방식으로 연금제도를 다듬어 갈 필요가 있다.

영국의 경험은 현재 진행되고 있는 한국의 기초연금 지급 방식 논란에도 일정한 시사를 준다. 기초연금의 인색한 설계는 당장 연금 지출을 줄이는 데는 도움이 될지 모르나, 풍선효과처럼 다른 부작용을 부르고 이는 다시 공공 지출을 늘리는 역할을 하기 쉽다. 영국에서는 기초연금 급여를 물가에 연동해 기초연금액이 낮아졌지만, 이는 결국 공공부조 혹은 공공부조성 급여를 늘렸다. 또한 자격 있는 빈자를 가려내기 위한 자산조사는 저소득층의 저축 유인을 감소시켰을 뿐만 아니라, 많은 행정적 비용을 유발했고, 제도를 하염없이 복잡하게 만들었으며, 그러면서도 빈곤 감소에는 효과적이지 않았다.

결국 2013년 보수-자유 연립정부는 연금 수급 연령을 더 올리는 대신 기초연금과 제2국가연금과 통합해 2016년부터 30년 이상 가입자에게 주 140파운드의 균등 연금을 지급하는 안을 통과시켰다. 마침내 영국의 국가연금은 베버리지 이후 약 3세대 동안 온갖 복잡한 제도를 실험하는 먼 길을 돌고 돌아 애초의 출발점, 즉 빈곤 방지에 초점을 둔 균등률 기초연금을 수립하는 것으로 되돌아온 셈이다. 영국의 긴 실험은 '자격 있는 빈자'를 가려내는 수고보다 차라리 적정 수준의 보편 급여가 훨씬 더 효율적이고 효과적일 수 있음을 보여 준 셈이다.

우리의 경우에도 부족한 기초연금액은 결국 노년의 공공부조 수급자 수를 늘리게 될 것이다. 또한 국민연금에 연동한 기초연금 지급은, 비록 일부일지라도 국민연금 가입자의 이탈을 불러 전체 노후보장 체계를 더욱 취약하게 만들 수 있다. 영국의 경험은 노년의 기초 보장이 결국 어떤 형태로든 국가의 책임이 될 수밖에 없다는 사실을 보여 준다. 그렇다면 풍선효과를 낳는 복잡한 제도 설계가 아니라 증세를 통한 비용 조달이 답일 것이다. 이 역시 오랜 실험 끝에 영국민이 도달한 결론이다.

마지막으로 2000년대의 합의적 연금 개혁 방식도 한국 사회가 특히 주목해 봐야 할 부분이라고 할 수 있다. 연금은 개개인들에게는 직업 선택이나 인생 주기에 따른 장기적 재무 설계 등에 중요한 영향을 미치는 요소이다. 또한 사회 전체적으로는 계층 간, 세대 간 재분배 계약이다. 당연히 안정적이고 지속 가능해야 하며, 그렇다는 확신을 줄 때 제도가 시민들의 순응성을 확보할 수 있다. 그리고 이렇게 안정적이어야 할 연금이 어떤 이유에서인가 제도 개혁을 해야 한다면, 그것은 개혁에 의해 영향을 받게 되는 이해 당사자들과 시민들의 광범위한 합의와 지지가 있을 때만 성공할 수 있다. 영국에서 대중적 협의를 통한 합의 형성 과정은 증세에 대한 동의까지 끌어낼 수 있었다.

영국의 합의적 개혁 경험에서 특히 눈여겨볼 대목은 영국이 집권 정부가 일방주의적 정책 결정을 하기 수월한 제도적 구조를 가지고 있고, 대결의 정치 문화가 오랫동안 지배적이었음에도 불구하고 이런 선택을 할 수 있었다는 점이다. 이는 한국에서도 이런 합의적 개혁이 불가능하지 않다는 것을 보여 준다. 연금 개혁은, 아마도 외교 안보 정책과 더불어, 저출산·고령화의 위험이 심화되고 있는 한국 사회에서 가장 초당적·합의적 정책 결정이 필요한 영역일 것이다.

| 참고문헌 |

강원택. 2004. "제3부 영국." 유럽정치연구회 엮음. 『유럽정치론』. 백산서당.

김수완. 2004. "영국의 공적연금 개혁: 복지국가의 전략적 선택과 평가."
　　　『한국사회정책』 11호.

김수완·권문일. 2009. "한국 노후소득보장체계, 정책과 개혁의 양면성?: 국민연금을
　　　중심으로 한 10년의 평가." 『한국사회복지연구』 13호.

김영순. 1996. 『복지국가의 위기와 재편: 영국와 스웨덴의 경험』. 서울대학교출판부.

_____. 1999a. "'제3의 길' 위의 복지국가: 블레어 정부의 '일을 위한 복지' 프로그램."
　　　『한국정치학회보』 33-4호.

_____. 1999b. "제3의 길: 인간의 얼굴을 한 대처리즘? 혹은 사민주의 소생의 유일한
　　　길?" 『국제정치논총』 39-2호.

_____. 2005. "연금 개혁의 정치: 서구 3개국 사례를 통해 본 구조적 개혁의 정치적
　　　조건들." 『사회보장연구』 12-2호.

_____. 2007. "사회투자국가가 우리의 대안인가?: 최근 한국의 사회투자국가 논의와
　　　그 문제점." 『경제와 사회』 74호.

_____. 2011. "한국의 복지 정치는 변화하고 있는가?: 1, 2차 국민연금 개혁을 통해
　　　본 한국의 복지 정치." 『한국정치학회보』 45-1호.

_____. 2013. "적대정치에서 합의정치로?: 블레어 정부 이후 영국의 연금 개혁에
　　　관한 연구." 『한국정치학회보』 47-5호.

쎌렌, 캐쓸린. 2011. 『제도는 어떻게 진화하는가』. 신원철 옮김. 모티브북.

양재진. 2012. "저소득 노인의 소득보장 강화를 위한 노후소득보장 제도의
　　　재구조화와 재정동원 전략." 『정책연구』 174호.

은민수. 2007. "영국과 독일의 연금 개혁 비교: 다수제 정치와 합의제 정치를
　　　중심으로." 『비교민주주의연구』 3-2호.

_____. 2008. "유럽 복지국가의 연금 정치(pension politics): 연금 개혁과 정치적
　　　경쟁구조." 『한국정치학회보』 42-4호.

임상훈·루치오 바카로. 2005. 『약자들의 사회 협약: 아일랜드, 이탈리아 및 한국
　　　사례 비교연구』. 한국노동연구원.

주은선. 2001. "영국 보수당 정부와 노동당 정부의 공적연금 개혁의 성격에 관한 연구: 연속성과 단절." 『사회복지연구』 17호.

최영준. 2011. "영국의 베버리지언적 연금 발전: 노인 빈곤으로의 함의." 『사회보장연구』 27-2호.

최종호. 2013. "누가 연금 개혁을 이끄는가? 미국과 영국의 이익집단 연금 정치." 『한국사회정책』 20-1호.

Age Concern England. 2006. "Memorandum submitted by Age Concern England." Work and Pensions Committee, House of Commons, Written Evidence ordered by the House of Commons (http://www.publications.parliament.uk/pa/cm200506/cmselect/cmworpen/1068/1068we01.htm, 검색일: 2012/01/09).

Alber, Jens. 1986. "Germany." Peter Flora ed. *Growth to Limits: Germany, United Kingdom, Ireland, Italy* Vol. 2. Walter de Gruyter.

Baccaro, Lucio. 2000. "Negotiating Pension Reform with the Unions: The Italian Experience in European Perspective." Paper presented to the International Conference of Europeanists. Chicago. 30 Mar.~2 Apr.

Baldwin, Peter. 1990. *The Politics of Social Solidarity: Class Bases of the European Welfare State, 1875-1975.* Cambridge University Press.

Berrington, Hugh. 1988. "The British General Election of June 1987: Have We been Here Before?" *West European Politics* Vol. 11 No. 1.

Blair, Tony. 1997. "Welfare Reform: Giving People the Will to Win." Vital Speeches of the Day 63:18 (http://gw4.global.ebscohost.com, 검색일: 2012/01/09).

_____. 1998. *The Third Way: New Politics for the New Century.* The Fabian Society.

Blake, David. 2003. "The UK pension system: Key issues." *Pensions: An International Journal* Vol. 8 No. 4.

Bonoli, Giuliano. 2000. *The Politics of Pension Reform: Institutions and Policy Change in Western Europe.* Cambridge: Cambridge University Press.

Bonoli, Giuliano & Bruno Palier. 2000. "How Do Welfare States Change? Institutions and Their Impact on the Politics of Welfare State Reform in Western Europe." *European Review* 8-3.

Bozio, Antoine & Rowena Crawford & Gemma Tetlow. 2010. "The History of State Pensions in the UK: 1948 to 2010." Institute for Fiscal Studies, UK.

Bradshaw, J. 1985. "A Defence of Social Security." P. Bean, J. Ferris & D. K. Whynes eds. 1985. *In defence of welfare*. London: Routledge.

Butler, D. 1988. "Electors and Elected." A. H. Halsey ed. *British Social Trends since 1900: A Guide to the Changing Social Structure of Britain*. London: Macmillan.

CBI. 1998. *CBI News*, April. London: CBI.

_____. 2006. "Memorandum submitted by CBI." Work and Pensions Committee, House of Commons, Written Evidence ordered by the House of Commons. (http://www.publications.parliament.uk/pa/cm200506/cmselect/cm worpen/ 1068/1068we01.htm, 검색일: 2012/01/09).

_____. 2007. "Memorandum submitted by CBI." Work and Pensions Committee, House of Commons, Written Evidence ordered by the House of Commons. (http://www.publications.parliament.uk/pa/cm200708/cmselect/cm worpen/246/246we01.htm, 검색일: 2012/01/09).

Clark, Gordon & Knox-Hayes. 2008. "The New Paternalism: Expectations of UK Participants in Defined Contribution and Self-directed Retirement Savings Schemes" (http://papers.ssrn.com /sol3/papers.cfm?abstract_id=1301440, 검색일: 2009/03/12).

Clark, Tom & Carl Emmerson. 2003. "Privatising Provision and Attacking Poverty? The direction of UK Pension Policy under New Labour." *Journal of Pension Economics and Finance* Vol. 2, Issue 1.

Commission on Social Justice. 1994. *Social Justice: Strategies for national renewal*. London: Commission on Social Justice.

Crewe, Ivor & Anthony King. 1995. *SDP: The Birth, Life and Death of the Social Democratic Party*. Oxford: Oxford University Press.

Davies, Bryn. 2000. "The Structure of Pension Reform in the United Kingdom." Emmanuel Reynaud eds. *Social Dialogue and Pension Reform*. Geneva: ILO.

Deacon, Alan. 1998. "The Green Paper on Welfare Reform: A Case for Enlighted Self-interest?" *Political Quarterly* Vol. 69 Issue 3.

Dean, Malcolm. 1998. "Rebuilding the UK Welfare State." *Lancet* 351: 9099.

Dobek, Mariusz Mark. 1993. "Privatization as a Political Priority: The British Experience." *Political Studies* Vol. 41.

Dolan, Liz. 2002. "The Pitfalls of Pickering." *The Telegraph* (Publication date 17 July 2002). (http://www.telegraph.co.uk/finance/personalfinance/pensions/2768 152/ The-pitfalls-of-Pickering.html, 검색일: 2013/01/05).

DSS(Department of Social Security), UK. 1998a. "New Ambitions for Our Country: A New Contract for Welfare." London: DSS.

_____. 1998b. "A New Contract for Welfare: Partnership in Pension(Green Paper of DSS)." London: DSS.

_____. 2000. *The Changing Welfare State: Social Security Spending*. HMSO.

DWP(Department for Work and Pensions). 1998. "A New Contract for Welfare: Partnership in Pensions." London: DWP.

_____. 2005. "Principles for Reform: The National Pension Debate." London: DWP.

_____. 2006a. "Personal Accounts: A New Way to Save." Cm 6975. HM Stationery Office, London.

_____. 2006b. "Second Tier Private Pension 1978/9 to 2003/4." London: DWP.

_____. 2006c. "White Paper: Security in Retirement: Towards a New Pension System." London: DWP.

_____. 2010. "Low-Income Dynamics 1991-2008(Great Britain)." London: DWP.

_____. each year. "Work and Pension Statistics." London: DWP.

EEF(Engineering Employers' Federation). 2006. "Memorandum submitted by EEF." Work and Pensions Committee, House of Commons, Written Evidence ordered by the House of Commons. (http://www.publications.parliament.uk/pa/cm200506/cmselect/

cmworpen/1068/1068we01.htm, 검색일: 2012/01/09).

Emmerson, Carl. 2003. "Pension Reform in the United Kingdom: Increasing the Role of Private Provision?" Golden L. Clark & Noel Whiteside eds. *Pension Security in the 21st Century: Redrawing the Public-Private Debate.* Oxford: Oxford University Press.

Esping-Andersen, G. 1985. *Politics against Markets: The Social Democratic Road to Power.* Princeton: Princeton University Press.

Esping-Andersen, G. & Walter Korpi. 1984. "From Poor Relief towards Institutional Welfare States: the Development of Scandinavian Social Policy." Robert Erikson ed. *The Scandinavian Model: Welfare States and Welfare Research.* ME Sharpe.

Evans, Geoffrey. 2000. "The Continued Significance of Class Voting." *Annual review of Political Science* Vol. 3 No. 1.

Gamble, Andrew. 1988. *The Free Economy and the Strong State.* Durham: Duke University Press.

Giddens, Anthony. 1994. *Beyond Left and Right: The Future of Radical Politics.* Cambridge: Polity.

_____. 1997. *Center Left at Center Stage (May, Special Edition).* New Statesman.

_____. 1998. *The Third Way: The Renewal of Social Democracy.* Cambridge: Polity.

Glennerster, Howard. 1997. *Paying for Welfare: towards 2000.* Hemel Hempstead: Harvester-Wheatsheaf.

_____. 2000. *British Social Policy since 1945.* Blackwell: Oxford.

Gough, Olra & J. R. Shackleton. 1996. "The Pensions Act 1995: Unfinished business?" *Public Money & Management* Vol. 16 No. 3.

Government Actuary's Department, UK. 1994. Occupational Pension Schemes 1991: Ninth Survey by the Government Actuary. London: HMSO.

Hall, Peter A. & Rosemary C. R. Taylor. 1996. "Political Science and the Three New Institutionalisms." *Political Studies* Vol. 44, Issue 5.

Hargreaves, Ian & Stewart Fleming. 1996. "Interview: Frank Field." *New Statesman* 125: 4306.

Hicks, Alexander & Joya Misra. 1993. "Political Resources and the Growth of

Welfare Effort: The Case of Affluent Capitalist Democracies, 1960~1982." *American Journal of Sociology* Vol. 99.

Hills, John. 2006a. "A New Pension Settlement for the Twenty-First Century? The UK Pensions Commission's Analysis and Proposals." *Oxford Review of Economic Policy* Vol. 22 No. 1.

_____. 2006b. "From Beveridge to Turner: demography, distribution and the future of pensions in the UK." (http://eprints.lse.ac.uk/5562/1/, 검색일: 2013/01/04).

_____. 2007. "Pensions, Public Opinion and Policy." John Hills & Julian Le Grand & David Piachaud eds. *Making Social Policy Work*. The Policy Press, Bristol, UK. (http://eprints.lse.ac.uk/25682, 검색일: 2013/01/04).

Hinrichs, Karl. 2000. "Elephants on the Move: Patterns of Public Pension Reform in OECD Countries." *European Review* Vol. 8 No. 3.

Holmes, Matin. 1985. *The Labour government, 1974-79: Political Aims and Economic Reality*. London: Macmillan.

Holzmann, R. & E. Palmer. 2006. *Pension reform*. Washington, DC (http://reparti.free.fr/fpswbm.pdf, 검색일: 2014/04/20).

House of Commons Library. 2007. "Pensions Bill: Bill 25 of 2007-08." Research Paper 07/94 (http://www.parliament.uk/documents/commons/lib/research/rp2007 /rp07-094.pdf, 검색일: 2013/01/11).

House of Commons Work and Pensions Committee. 2006. "Pension Reform, Fourth Report of Session 2005-06, HC 1068-I." London: TSO.

Huber, Evelyne, Charles Ragin and John D. Stephans. 1993. "Social Democracy, Christian Democracy, Constitutional Structure and the Welfare State." *American Journal of Sociology* Vol. 99 No. 3.

Immergut, Ellen M. 1992. *Health Politics: Interests and Institutions in Western Europe*. Cambridge: Cambridge University Press.

Jessop, Bob & Kevin Bonnett & Simon Bromley & Tom Ling. 1988. *Thatcherism: A Tale of Two Nations*. Cambridge: Polity.

Johansen, Lars Norby & Jon Eivind Kolberg. 1985. "Welfare State Regression in Scandinavia? The Development of the Scandinavian Welfare States from 1970 to 1980." S. N. Eisenstat & Ora Ahimeir eds. *The Welfare State and Its Aftermath*. London and Sydney: Croom Helm.

Katznelson, Ira. 2003. "Periodization and Preferences: Reflections on Purposive Action in Comparative Historical Social Science." James Mahoney & Dietrich Rueschemeyer. *Comparative Historical Analysis in the Social Sciences*. New York: Cambridge University Press.

King, Anthony Stephen & Robert J. Wybrow eds. 2001. *British Political Opinion, 1937~2000: The Gallup Surveys*. London: Politicos.

Kitschelt, Herbert. 2001. "Partisan Competition and Welfare State Retrenchment: When Do Politicians Choose Unpopular Policies?" Paul Pierson ed. *The New Politics of the Welfare State*. New York: Oxford University Press.

Korpi, Walter. 1978. *The Working Class in Welfare Capitalism: Work, Unions, and Politics in Sweden*. London: Routledge & Kegan Paul.

_____. 1983. *The Democratic Class Struggle*. London: Routledge & Kegan Paul.

Le Grand, Julian. 1987. "The Middle-Class Use of the British Social Services." Robert E. Goodin & Julian Le Grand eds. *Not Only the Poor: The Middle Classes and the Welfare State*. London: Allen & Unwin.

Le Grand, Julian & D. Winter. 1987. "The Middle Classes and the Defence of the British Welfare State." Robert E. Goodin & Julian Le Grand eds. *Not Only the Poor: The Middle Classes and the Welfare State*. London: Allen & Unwin.

Lister, Ruth. 2002. "Investing in the Citizen-Workers of the Future: New Labour's 'Third way' in Welfare Reform." The 2002 Annual Meeting of APSA. Boston. August.

_____. 2004. "The Third Way's Social Investment State." Jane Lewis & Rebecca Surender eds. *Welfare State Change: Towards a Third Way?* Oxford: OUP.

Lynes, Tony. 1997. "The British case." Martin Rein & E. Wadensjö eds. *Enterprise and the Welfare State*. Cheltenham, UK: Edward Elgar.

Macleod, Alexander. 1998. "Britain Quarrels over Reforming Social Safety Net." Christian Science Moniter (April 8).

Marsh, D. 1992. *The New Politics of British Trade Unionism: Union Power and the Thatcher Legacy.* Ithaca: Cornell University Press.

Mishra, Ramesh. 1990. *The Welfare State in Capitalist Society.* Toronto: University of Toronto Press.

Myles, John & Paul Pierson. 2001. "The Comparative Political Economy of Pension Reform." Paul Pierson ed. *The New Politics of Welfare State.* Oxford: Oxford University.

Myles, John & Jill Quadagno. 1997. "Recent Trends in Public Pension Reform: A Comparative View." Keith Banting & Robin Boardway eds. *Reform of Retirement Income Policy: International and Canadian Perspectives.* Kinstion Queen's University School of Policy Studies.

NAPF. 1999. *Green Paper: Pensions in Partnership.* NAPF Policy Document.

_____. 2006. "Memorandum submitted by the National Association of Pension Funds." Work and Pensions Committee, House of Commons, Written Evidence ordered by the House of Commons. (http://www.publications.parliament.uk/ pa, 검색일: 2013/01/04).

National Statistics, UK. each year. Pensioners' Income Series. London: National Statistics (http://webarchive.nationalarchives.gov.uk/20130513214236/ http://statistics.dwp.gov.uk/asd/asd6/PI_series_0203.pdf, 검색일: 2013/02/01).

Nesbitt, Steven. 1995. *British Pensions Policy Making in the 1980s: The Rise and Fall of a Policy Community.* Aldershot: Ashgate.

Novak, Tony. 1988. *Poverty and the State.* London: Open University Press.

OLR(Opinion Leader Research). 2006. *National Pensions Day: Final Report.* London.

Onis, Ziya. 1991. "Privatization and the Logic of Coalition Building: A Comparative Analysis of Sate Divestiture in Turkey and the United Kingdom." *Comparative Political Studies* Vol. 24 No. 2.

Parry, Richard. 1986. "United Kingdom." Peter Flora ed. *Growth to Limits: Germany, United Kingdom, Ireland, Italy* Vol. 2. Walter de Gruyter.

PC(Pensions Commission). 2004. "Pensions: Challenges and Choices, First Report of the Pensions Commission." London: TSO.

_____. 2005. "A New Pension Settlement for the Twenty-first Century, Second Report of the Pensions Commission." London: TSO.

Perkins, Daniel & Lucy Nelms & Paul Smyth. 2004. "Beyond Neo-liberalism: the Social Investment State?" *Social Policy Working Paper* No. 3. The Center for Public Policy. University of Melbourne.

Peterson, Mark A. 1993. "Political Influence in the 1990s: from Iron Triangles to Policy Networks." *Journal of Health Politics, Policy and Law* Vol. 18 No. 2.

Pierson, Paul. 1994. *Dismantling the Welfare State?: Reagan, Thatcher, and the Politics of Retrenchment.* Cambridge University Press.

Pierson, Paul & Kent Weaver. 1993. "Imposing Losses in Pension Policy." Kent Weaver and Bert Rockman eds. *Do Institutions Matter?* Washington DC: Brookings Institution.

Poulantzas, Nicos. 1973. *Political Power and Social Classes.* London: NLB.

Reynaud, Emmanuel. 2000. "Introduction and Summary." Reynaud, Emmanuel ed. *Social Dialogue and Pension Reform.* Geneva: ILO.

Rhodes, Martin & David Natali. 2003. "Welfare Regimes and Pension Reform Agendas." Contribution to the Conference on 'Pension Reform in Europe: Shared Problems, Sharing Solutions.' London School of Economics and Political Science, 5 December.

Rico, Ana. 2004. "Health and Welfare in the 20th Century." Paper prepared for the 2004 Conference of the EU Concerted Action COST A15 on "Reforming Welfare States in Europe." Nantes, 22-3 May.

Robinson, R. 1986. "Restructuring the Welfare State: An Analysis of Public Expenditure, 1979/80–1984/85." *Journal of social policy* Vol. 15 No. 1.

Rowthorn, Bob. 1989. "The Thatcher Revolution." Frencis Green ed. *The Restructuring of the UK Economy.* London: Haverster Wheatsheaf.

Rutter, Jill. 2012. *The "S" Factors: Lessons from IFG's Policy Success Reunions.* London: Institute for Government.

Sartori, Giovanni. 1991. "Comparing and Miscomparing." *Journal of Theoretical Politics* Vol. 3 No. 3.

Scharpf, Fritz. 2000. "Institutions in Comparative Policy Research." MPIfG Working Paper 00/03.

Schludi, M. 2001. "The Politics of Pensions in European Social Insurance Countries." MPIfG Discussion Paper 01/11. Köln, Max Planck Institute for the Study of Societies.

Schulze, Isabelle & Michael Moran. 2007. "United Kingdom: Pension Politics in an Adversarial System." Ellen M. Immergut & Karen M. Anderson & Isabelle Schulze eds. *The Handbook of West European Pension Politics.* Oxford: OUP.

Schwartz, Herman. 2001. "Round Up the Usual Suspects! Globalization, Domestic Politics, and Welfare State Change." Paul Pierson ed. *The New Politics of Welfare State.* Oxford: Oxford University Press.

Secretary of State for Social Service, UK. 1985a. "The Reform of Social Security (Green Paper) Vol. I-III(cmnd 9517, 9518, 9519)." London: HMSO.

_____. 1985b. "The Reform of Social Security(White Paper, cmnd 1969)." London: HMSO.

Secretary of State for Social Security, UK. 1998. "A New Contract for Welfare: Partnership in Pensions." London: DWP

Sheldon, Anthony. 2007. *Blair Unbound.* London: Simon and Schuster.

Silburn, R. 1995. "Beveridge." Victor George ed. *Modern Thinkers on Welfare.* Prentice Hall.

Stephens, J. D. 1979. *The Transition from Socialism to Capitalism.* Urbana: University of Illinois Press.

Stephenson, Hugh. 1982. *Claret and chips: The Rise of the SDP.* London: M. Joseph.

Streek, Wolfgang & Kathleen Thelen. 2005. "I. Introduction." Wolfgang Streek & Kathleen Thelen eds. *Beyond Continuity: Institutional Change in Advanced Political Economies.* Oxford: OUP.

Taylor-Gooby, Peter. 1999. "Policy Change at a Time of Retrenchment: Recent Pension Reform in France, Germany, Italy and the UK." *Social Policy & Administration* Vol. 33, No. 1.

_____. 2005. "A Test-Case for a Liberal Welfare State?" Guiliano Bonoli & Toshimitsu Shinkawa eds. *Ageing and Pension Reform around the World: Evidence from Eleven Countries.* Cheltenham, UK: Edward Elgar.

The Economist. 2004. "Harsh Choices." *The Economist* (14 October 2004).

TUC. 1999. *Annual Report to Congress*. London: TUC.

_____. 2006. "Memorandum submitted by TUC." Work and Pensions Committee, House of Commons, Written Evidence ordered by the House of Commons. (http://www.publications.parliament.uk/pa/cm200506/cmselect/cm worpen/ 1068/1068we01.htm, 검색일: 2012/01/09).

Weir, Margaret & Ann Shola Orloff & Theda Skocpol eds. 1988. *The Politics of Social Policy in the United States*. Princeton: Princeton University Press.

Weir, Margaret & Theda Skocpol. 1985. "State Structures and Political Responses to the Great Depression." Peter B. Evans & Dietrich Rueschemeyer & Theda Skocpol eds. *Bringing the State Back In*. Cambridge University Press.

Whitehouse, E. R. 1998. "Pension Reform in Britain." Pension Reform Primer Series, Social Protection Discussion Paper No. 9810. World Bank. Washington, D.C

_____. 2000. "Pension Reform, Financial Literacy and Public Information: a Case Study of the UK." Social Protection Discussion Paper Series No. 0004, World Bank (http://wbln0018.worldbank.org/HDNet/HDdocs.nsf, 검색일: 2013/01/04).

Whiteside, Noel. 2006. "Adapting Private Pensions to Public Purposes: Historical Perspectives on the Politics of Reform." *Journal of European Social Policy* Vol. 16, No. 1.

Williams, Fiona & Sasha Roseneil. 2004, "Public Values of Parenting and Partnering: Voluntary Organizations and Welfare Politics in New Labour's Britain." *Social Politics* Vol. 13, No. 2.

Williamson, J. B. 2000, "Social Security Privatization: Lessons from the United Kingdom, Center for Retirement Research, Boston College." (http://www.bc.edu/centers/crr/papers/wp_2000-10.pdf, 검색일: 2013/02/01).

- 존 힐스(John Hills)
  직책: 2002~07년 연금위원회 위원
      런던정치경제대학교(LSE)의 사회정책학과 교수
  일시: 2013년 1월 23일, 수요일, 오전 10시
  장소: LSE 존 힐스 교수 연구실

- 헬렌 포레스트(Hellen Forrest)
  직책: NAPF의 정책홍보국장
  일시: 2013년 1월 25일, 금요일, 오전 10시
  장소: NAPF 본부(Cheapside House)

- 마리오 로페스-아레우(Mario Lopez-Areu)
  직책: CBI 노동시장 및 연금정책국의 선임정책자문관
  일시: 2013년 1월 30일, 수요일, 오후 2시
  장소: CBI 본부

- 질 러터(Jill Rutter)
  직책: 정부연구소의 프로그램 디렉터
  일시: 2013년 1월 31일, 목요일, 오후 4시
  장소: 정부연구소

| 찾아보기 |